LEI DE MIGRAÇÃO

e LEGISLAÇÃO COMPLEMENTAR

Lei nº 13.445, de 24 de maio de 2017

O livro é a porta que se abre para a realização do homem.

Jair Lot Vieira

Supervisão editorial
JAIR LOT VIEIRA

LEI DE MIGRAÇÃO

e LEGISLAÇÃO COMPLEMENTAR

Lei nº 13.445, de 24 de maio de 2017

LEGISLAÇÃO COMPLEMENTAR

- ► **CONVENÇÃO RELATIVA AO ESTATUTO DOS REFUGIADOS**
Decreto nº 50.215
- ► **Protocolo sobre o ESTATUTO DOS REFUGIADOS**
Decreto nº 70.946
- ► **Implementação do ESTATUTO DOS REFUGIADOS**
Lei nº 9.474
- ► **CONVENÇÃO SOBRE O ESTATUTO DOS APÁTRIDAS**
Decreto nº 4.246
- ► **ESTATUTO DE ROMA DO TRIBUNAL PENAL INTERNACIONAL**
Decreto nº 4.388

INCLUI ÍNDICE REMISSIVO

edipro

Grafia conforme o novo Acordo Ortográfico da Língua Portuguesa.

1ª edição 2017
Atualizada até o *DOU* de 1º.8.2017.

Editores: Jair Lot Vieira e Maíra Lot Vieira Micales
Coordenação editorial: Fernanda Godoy Tarcinalli
Revisão: Equipe Edipro
Diagramação: Ana Laura Padovan e Karine Moreto de Almeida
Arte: Karine Moreto de Almeida

Dados Internacionais de Catalogação na Publicação (CIP)
(Câmara Brasileira do Livro, SP, Brasil)

Brasil

[Leis etc.]
Lei de migração : Lei nº 13.445, de 24 de maio de 2017 / Jair Lot Vieira, supervisão editorial - São Paulo : EDIPRO, 2017.

ISBN 978-85-521-0003-4

1. Brasil – Migração 2. Direito de migração 3. Direito de migração – Brasil 4. Estrangeiros – Estatuto legal, leis etc. – Brasil 5. Migração 6. Migração – Leis e legislação I. Vieira, Jair Lot.

17-05853 CDU-34: 314.15 (81) (094)

Índice para catálogo sistemático:
1. Brasil : Leis : Migração : Direito 34:314.15 (81) (094)

EDITORA AFILIADA

edipro

São Paulo: (11) 3107-4788 • Bauru: (14) 3234-4121
www.edipro.com.br • edipro@edipro.com.br
@editoraedipro @editoraedipro

SUMÁRIO

LEI DE MIGRAÇÃO E LEGISLAÇÃO COMPLEMENTAR

LEI DE MIGRAÇÃO

LEI Nº 13.445, DE 24 DE MAIO DE 2017

LEGISLAÇÃO COMPLEMENTAR

LEI DE MIGRAÇÃO

LEI Nº 13.445, DE 24 DE MAIO DE 2017

Institui a Lei de Migração.

O Presidente da República,

Faço saber que o Congresso Nacional decreta e eu sanciono a seguinte Lei:

Capítulo I
DISPOSIÇÕES PRELIMINARES

Seção I
Disposições Gerais

Art. 1º. Esta Lei dispõe sobre os direitos e os deveres do migrante e do visitante, regula a sua entrada e estada no País e estabelece princípios e diretrizes para as políticas públicas para o emigrante.

§ 1º. Para os fins desta Lei, considera-se:

I – (vetado);

II – imigrante: pessoa nacional de outro país ou apátrida que trabalha ou reside e se estabelece temporária ou definitivamente no Brasil;

III – emigrante: brasileiro que se estabelece temporária ou definitivamente no exterior;

IV – residente fronteiriço: pessoa nacional de país limítrofe ou apátrida que conserva a sua residência habitual em município fronteiriço de país vizinho;

V – visitante: pessoa nacional de outro país ou apátrida que vem ao Brasil para estadas de curta duração, sem pretensão de se estabelecer temporária ou definitivamente no território nacional;

VI – apátrida: pessoa que não seja considerada como nacional por nenhum Estado, segundo a sua legislação, nos termos da Convenção sobre o Estatuto dos Apátridas, de 1954, promulgada pelo Decreto nº 4.246, de 22 de maio de 2002, ou assim reconhecida pelo Estado brasileiro.

§ 2º. (Vetado).

Art. 2º. Esta Lei não prejudica a aplicação de normas internas e internacionais específicas sobre refugiados, asilados, agentes e pessoal diplomático ou consular, funcionários de organização internacional e seus familiares.

Seção II
Dos Princípios e das Garantias

Art. 3º. A política migratória brasileira rege-se pelos seguintes princípios e diretrizes:

I – universalidade, indivisibilidade e interdependência dos direitos humanos;

II – repúdio e prevenção à xenofobia, ao racismo e a quaisquer formas de discriminação;

III – não criminalização da migração;

IV – não discriminação em razão dos critérios ou dos procedimentos pelos quais a pessoa foi admitida em território nacional;

V – promoção de entrada regular e de regularização documental;

VI – acolhida humanitária;

VII – desenvolvimento econômico, turístico, social, cultural, esportivo, científico e tecnológico do Brasil;

VIII – garantia do direito à reunião familiar;

IX – igualdade de tratamento e de oportunidade ao migrante e a seus familiares;

X – inclusão social, laboral e produtiva do migrante por meio de políticas públicas;

XI – acesso igualitário e livre do migrante a serviços, programas e benefícios sociais, bens públicos, educação, assistência jurídica integral pública, trabalho, moradia, serviço bancário e seguridade social;

XII – promoção e difusão de direitos, liberdades, garantias e obrigações do migrante;

XIII – diálogo social na formulação, na execução e na avaliação de políticas migratórias e promoção da participação cidadã do migrante;

XIV – fortalecimento da integração econômica, política, social e cultural dos povos da América Latina, mediante constituição de espaços de cidadania e de livre circulação de pessoas;

XV – cooperação internacional com Estados de origem, de trânsito e de destino de movimentos migratórios, a fim de garantir efetiva proteção aos direitos humanos do migrante;

XVI – integração e desenvolvimento das regiões de fronteira e articulação de políticas públicas regionais capazes de garantir efetividade aos direitos do residente fronteiriço;

XVII – proteção integral e atenção ao superior interesse da criança e do adolescente migrante;

XVIII – observância ao disposto em tratado;

XIX – proteção ao brasileiro no exterior;

XX – migração e desenvolvimento humano no local de origem, como direitos inalienáveis de todas as pessoas;

XXI – promoção do reconhecimento acadêmico e do exercício profissional no Brasil, nos termos da lei; e

XXII – repúdio a práticas de expulsão ou de deportação coletivas.

Art. 4º. Ao migrante é garantida no território nacional, em condição de igualdade com os nacionais, a inviolabilidade do direito à vida, à liberdade, à igualdade, à segurança e à propriedade, bem como são assegurados:

I – direitos e liberdades civis, sociais, culturais e econômicos;

II – direito à liberdade de circulação em território nacional;

III – direito à reunião familiar do migrante com seu cônjuge ou companheiro e seus filhos, familiares e dependentes;

IV – medidas de proteção a vítimas e testemunhas de crimes e de violações de direitos;

V – direito de transferir recursos decorrentes de sua renda e economias pessoais a outro país, observada a legislação aplicável;

VI – direito de reunião para fins pacíficos;

VII – direito de associação, inclusive sindical, para fins lícitos;

VIII – acesso a serviços públicos de saúde e de assistência social e à previdência social, nos termos da lei, sem discriminação em razão da nacionalidade e da condição migratória;

IX – amplo acesso à justiça e à assistência jurídica integral gratuita aos que comprovarem insuficiência de recursos;

X – direito à educação pública, vedada a discriminação em razão da nacionalidade e da condição migratória;

XI – garantia de cumprimento de obrigações legais e contratuais trabalhistas e de aplicação das normas de proteção ao trabalhador, sem discriminação em razão da nacionalidade e da condição migratória;

XII – isenção das taxas de que trata esta Lei, mediante declaração de hipossuficiência econômica, na forma de regulamento;

XIII – direito de acesso à informação e garantia de confidencialidade quanto aos dados pessoais do migrante, nos termos da Lei nº 12.527, de 18 de novembro de 2011;

(*) A Lei nº 12.527/2011 regula o acesso a informações previsto no inciso XXXIII do art. 5º, no inciso II do § 3º do art. 37 e no § 2º do art. 216 da Constituição Federal; altera a Lei nº 8.112, de 11 de dezembro de 1990; revoga a Lei nº 11.111, de 5 de maio de 2005, e dispositivos da Lei nº 8.159, de 8 de janeiro de 1991; e dá outras providências.

XIV – direito a abertura de conta bancária;

XV – direito de sair, de permanecer e de reingressar em território nacional, mesmo enquanto pendente pedido de autorização de residência, de prorrogação de estada ou de transformação de visto em autorização de residência; e

XVI – direito do imigrante de ser informado sobre as garantias que lhe são asseguradas para fins de regularização migratória.

§ 1º. Os direitos e as garantias previstos nesta Lei serão exercidos em observância ao disposto na Constituição Federal, independentemente da situação migratória, observado o disposto no § 4º deste artigo, e não excluem outros decorrentes de tratado de que o Brasil seja parte.

§ 2º. (Vetado).

§ 3º. (Vetado).

§ 4º. (Vetado).

Capítulo II
DA SITUAÇÃO DOCUMENTAL DO MIGRANTE E DO VISITANTE

Seção I
Dos Documentos de Viagem

Art. 5º. São documentos de viagem:

I – passaporte;

II – *laissez-passer*;

III – autorização de retorno;

IV – salvo-conduto;

V – carteira de identidade de marítimo;

VI – carteira de matrícula consular;

VII – documento de identidade civil ou documento estrangeiro equivalente, quando admitidos em tratado;

VIII – certificado de membro de tripulação de transporte aéreo; e

IX – outros que vierem a ser reconhecidos pelo Estado brasileiro em regulamento.

§ 1º. Os documentos previstos nos incisos I, II, III, IV, V, VI e IX, quando emitidos pelo Estado brasileiro, são de propriedade da União, cabendo a seu titular a posse direta e o uso regular.

§ 2º. As condições para a concessão dos documentos de que trata o § 1º serão previstas em regulamento.

Seção II
Dos Vistos

Subseção I
Disposições Gerais

Art. 6º. O visto é o documento que dá a seu titular expectativa de ingresso em território nacional.

Parágrafo único. (Vetado).

Art. 7º. O visto será concedido por embaixadas, consulados-gerais, consulados, vice-consulados e, quando habilitados pelo órgão competente do Poder Executivo, por escritórios comerciais e de representação do Brasil no exterior.

Parágrafo único. Excepcionalmente, os vistos diplomático, oficial e de cortesia poderão ser concedidos no Brasil.

Art. 8º. Poderão ser cobrados taxas e emolumentos consulares pelo processamento do visto.

Art. 9º. Regulamento disporá sobre:

I – requisitos de concessão de visto, bem como de sua simplificação, inclusive por reciprocidade;

II – prazo de validade do visto e sua forma de contagem;

III – prazo máximo para a primeira entrada e para a estada do imigrante e do visitante no País;

IV – hipóteses e condições de dispensa recíproca ou unilateral de visto e de taxas e emolumentos consulares por seu processamento; e

V – solicitação e emissão de visto por meio eletrônico.

Parágrafo único. A simplificação e a dispensa recíproca de visto ou de cobrança de taxas e emolumentos consulares por seu processamento poderão ser definidas por comunicação diplomática.

Art. 10. Não se concederá visto:

I – a quem não preencher os requisitos para o tipo de visto pleiteado;

II – a quem comprovadamente ocultar condição impeditiva de concessão de visto ou de ingresso no País; ou

III – a menor de 18 (dezoito) anos desacompanhado ou sem autorização de viagem por escrito dos responsáveis legais ou de autoridade competente.

Art. 11. Poderá ser denegado visto a quem se enquadrar em pelo menos um dos casos de impedimento definidos nos incisos I, II, III, IV e IX do art. 45.

Parágrafo único. A pessoa que tiver visto brasileiro denegado será impedida de ingressar no País enquanto permanecerem as condições que ensejaram a denegação.

Subseção II
Dos Tipos de Visto

Art. 12. Ao solicitante que pretenda ingressar ou permanecer em território nacional poderá ser concedido visto:

I – de visita;

II – temporário;

III – diplomático;

IV – oficial;

V – de cortesia.

Subseção III
Do Visto de Visita

Art. 13. O visto de visita poderá ser concedido ao visitante que venha ao Brasil para estada de curta duração, sem intenção de estabelecer residência, nos seguintes casos:

I – turismo;

II – negócios;

III – trânsito;

IV – atividades artísticas ou desportivas; e

V – outras hipóteses definidas em regulamento.

§ 1º. É vedado ao beneficiário de visto de visita exercer atividade remunerada no Brasil.

§ 2º. O beneficiário de visto de visita poderá receber pagamento do governo, de empregador brasileiro ou de entidade privada a título de diária, ajuda de custo, cachê, pró-labore ou outras despesas com a viagem, bem como concorrer a prêmios, inclusive em dinheiro, em competições desportivas ou em concursos artísticos ou culturais.

§ 3º. O visto de visita não será exigido em caso de escala ou conexão em território nacional, desde que o visitante não deixe a área de trânsito internacional.

Subseção IV
Do Visto Temporário

Art. 14. O visto temporário poderá ser concedido ao imigrante que venha ao Brasil com o intuito de estabelecer residência por tempo determinado e que se enquadre em pelo menos uma das seguintes hipóteses:

I – o visto temporário tenha como finalidade:

a) pesquisa, ensino ou extensão acadêmica;

b) tratamento de saúde;

c) acolhida humanitária;

d) estudo;

e) trabalho;

f) férias-trabalho;

g) prática de atividade religiosa ou serviço voluntário;

h) realização de investimento ou de atividade com relevância econômica, social, científica, tecnológica ou cultural;

i) reunião familiar;

j) atividades artísticas ou desportivas com contrato por prazo determinado;

II – o imigrante seja beneficiário de tratado em matéria de vistos;

III – outras hipóteses definidas em regulamento.

§ 1º. O visto temporário para pesquisa, ensino ou extensão acadêmica poderá ser concedido ao imigrante com ou sem vínculo empregatício com a instituição de pesquisa ou de ensino brasileira, exigida, na hipótese de vínculo, a comprovação de formação superior compatível ou equivalente reconhecimento científico.

§ 2º. O visto temporário para tratamento de saúde poderá ser concedido ao imigrante e a seu acompanhante, desde que o imigrante comprove possuir meios de subsistência suficientes.

§ 3º. O visto temporário para acolhida humanitária poderá ser concedido ao apátrida ou ao nacional de qualquer país em situação de grave ou iminente instabilidade institucional, de conflito armado, de calamidade de grande proporção, de desastre ambiental ou de grave violação de direitos humanos ou de direito internacional humanitário, ou em outras hipóteses, na forma de regulamento.

§ 4º. O visto temporário para estudo poderá ser concedido ao imigrante que pretenda vir ao Brasil para frequentar curso regular ou realizar estágio ou intercâmbio de estudo ou de pesquisa.

§ 5º. Observadas as hipóteses previstas em regulamento, o visto temporário para trabalho poderá ser concedido ao imigrante que venha exercer atividade laboral, com ou sem vínculo empregatício no Brasil, desde que comprove oferta de trabalho formalizada por pessoa jurídica em atividade no País, dispensada esta exigência se o imigrante comprovar titulação em curso de ensino superior ou equivalente.

§ 6º. O visto temporário para férias-trabalho poderá ser concedido ao imigrante maior de 16 (dezesseis) anos que seja nacional de país que conceda idêntico benefício ao nacional brasileiro, em termos definidos por comunicação diplomática.

§ 7º. Não se exigirá do marítimo que ingressar no Brasil em viagem de longo curso ou em cruzeiros marítimos pela costa brasileira o visto temporário de que trata a alínea "e" do inciso I do *caput*, bastando a apresentação da carteira internacional de marítimo, nos termos de regulamento.

§ 8º. É reconhecida ao imigrante a quem se tenha concedido visto temporário para trabalho a possibilidade de modificação do local de exercício de sua atividade laboral.

§ 9º. O visto para realização de investimento poderá ser concedido ao imigrante que aporte recursos em projeto com potencial para geração de empregos ou de renda no País.

§ 10. (Vetado).

Subseção V
Dos Vistos Diplomático, Oficial e de Cortesia

Art. 15. Os vistos diplomático, oficial e de cortesia serão concedidos, prorrogados ou dispensados na forma desta Lei e de regulamento.

Parágrafo único. Os vistos diplomático e oficial poderão ser transformados em autorização de residência, o que importará cessação de todas as prerrogativas, privilégios e imunidades decorrentes do respectivo visto.

Art. 16. Os vistos diplomático e oficial poderão ser concedidos a autoridades e funcionários estrangeiros que viajem ao Brasil em missão oficial de caráter transitório ou permanente, representando Estado estrangeiro ou organismo internacional reconhecido.

§ 1º. Não se aplica ao titular dos vistos referidos no *caput* o disposto na legislação trabalhista brasileira.

§ 2º. Os vistos diplomático e oficial poderão ser estendidos aos dependentes das autoridades referidas no *caput*.

Art. 17. O titular de visto diplomático ou oficial somente poderá ser remunerado por Estado estrangeiro ou organismo internacional, ressalvado o disposto em tratado que contenha cláusula específica sobre o assunto.

Parágrafo único. O dependente de titular de visto diplomático ou oficial poderá exercer atividade remunerada no Brasil, sob o amparo da legislação trabalhista brasileira, desde que seja nacional de país que assegure reciprocidade de tratamento ao nacional brasileiro, por comunicação diplomática.

Art. 18. O empregado particular titular de visto de cortesia somente poderá exercer atividade remunerada para o titular de visto diplomático, oficial ou de cortesia ao qual esteja vinculado, sob o amparo da legislação trabalhista brasileira.

Parágrafo único. O titular de visto diplomático, oficial ou de cortesia será responsável pela saída de seu empregado do território nacional.

Seção III
Do Registro e da Identificação Civil do Imigrante e dos Detentores de Vistos Diplomático, Oficial e de Cortesia

Art. 19. O registro consiste na identificação civil por dados biográficos e biométricos, e é obrigatório a todo imigrante detentor de visto temporário ou de autorização de residência.

§ 1º. O registro gerará número único de identificação que garantirá o pleno exercício dos atos da vida civil.

§ 2º. O documento de identidade do imigrante será expedido com base no número único de identificação.

§ 3º. Enquanto não for expedida identificação civil, o documento comprobatório de que o imigrante a solicitou à autoridade competente garantirá ao titular o acesso aos direitos disciplinados nesta Lei.

Art. 20. A identificação civil de solicitante de refúgio, de asilo, de reconhecimento de apatridia e de acolhimento humanitário poderá ser realizada com a apresentação dos documentos de que o imigrante dispuser.

Art. 21. Os documentos de identidade emitidos até a data de publicação desta Lei continuarão válidos até sua total substituição.

Art. 22. A identificação civil, o documento de identidade e as formas de gestão da base cadastral dos detentores de vistos diplomático, oficial e de cortesia atenderão a disposições específicas previstas em regulamento.

Capítulo III
DA CONDIÇÃO JURÍDICA DO MIGRANTE E DO VISITANTE

Seção I
Do Residente Fronteiriço

Art. 23. A fim de facilitar a sua livre circulação, poderá ser concedida ao residente fronteiriço, mediante requerimento, autorização para a realização de atos da vida civil.

Parágrafo único. Condições específicas poderão ser estabelecidas em regulamento ou tratado.

Art. 24. A autorização referida no *caput* do art. 23 indicará o Município fronteiriço no qual o residente estará autorizado a exercer os direitos a ele atribuídos por esta Lei.

§ 1º. O residente fronteiriço detentor da autorização gozará das garantias e dos direitos assegurados pelo regime geral de migração desta Lei, conforme especificado em regulamento.

§ 2º. O espaço geográfico de abrangência e de validade da autorização será especificado no documento de residente fronteiriço.

Art. 25. O documento de residente fronteiriço será cancelado, a qualquer tempo, se o titular:

I – tiver fraudado documento ou utilizado documento falso para obtê-lo;

II – obtiver outra condição migratória;

III – sofrer condenação penal; ou

IV – exercer direito fora dos limites previstos na autorização.

Seção II
Da Proteção do Apátrida e da Redução da Apatridia

Art. 26. Regulamento disporá sobre instituto protetivo especial do apátrida, consolidado em processo simplificado de naturalização.

§ 1º. O processo de que trata o *caput* será iniciado tão logo seja reconhecida a situação de apatridia.

§ 2º. Durante a tramitação do processo de reconhecimento da condição de apátrida, incidem todas as garantias e mecanismos protetivos e de facilitação da inclusão social relativos à Convenção sobre o Estatuto dos Apátridas de 1954, promulgada pelo Decreto nº 4.246, de 22 de maio de 2002, à Convenção relativa ao Estatuto dos Refugiados, promulgada pelo Decreto nº 50.215, de 28 de janeiro de 1961, e à Lei nº 9.474, de 22 de julho de 1997.

(*) A Lei nº 9.474/1997 define mecanismos para a implementação do Estatuto dos Refugiados de 1951, e determina outras providências.

§ 3º. Aplicam-se ao apátrida residente todos os direitos atribuídos ao migrante relacionados no art. 4º.

§ 4º. O reconhecimento da condição de apátrida assegura os direitos e garantias previstos na Convenção sobre o Estatuto dos Apátridas, de 1954, promulgada pelo Decreto nº 4.246, de 22 de maio de 2002, bem como outros direitos e garantias reconhecidos pelo Brasil.

§ 5º. O processo de reconhecimento da condição de apátrida tem como objetivo verificar se o solicitante é considerado nacional pela legislação de algum Estado e poderá considerar informações, documentos e declarações prestadas pelo próprio solicitante e por órgãos e organismos nacionais e internacionais.

§ 6º. Reconhecida a condição de apátrida, nos termos do inciso VI do § 1º do art. 1º, o solicitante será consultado sobre o desejo de adquirir a nacionalidade brasileira.

§ 7º. Caso o apátrida opte pela naturalização, a decisão sobre o reconhecimento será encaminhada ao órgão competente do Poder Executivo para publicação dos atos necessários à efetivação da naturalização no prazo de 30 (trinta) dias, observado o art. 65.

§ 8º. O apátrida reconhecido que não opte pela naturalização imediata terá a autorização de residência outorgada em caráter definitivo.

§ 9º. Caberá recurso contra decisão negativa de reconhecimento da condição de apátrida.

§ 10. Subsistindo a denegação do reconhecimento da condição de apátrida, é vedada a devolução do indivíduo para país onde sua vida, integridade pessoal ou liberdade estejam em risco.

§ 11. Será reconhecido o direito de reunião familiar a partir do reconhecimento da condição de apátrida.

§ 12. Implica perda da proteção conferida por esta Lei:

I – a renúncia;

II – a prova da falsidade dos fundamentos invocados para o reconhecimento da condição de apátrida; ou

III – a existência de fatos que, se fossem conhecidos por ocasião do reconhecimento, teriam ensejado decisão negativa.

Seção III
Do Asilado

Art. 27. O asilo político, que constitui ato discricionário do Estado, poderá ser diplomático ou territorial e será outorgado como instrumento de proteção à pessoa.

Parágrafo único. Regulamento disporá sobre as condições para a concessão e a manutenção de asilo.

Art. 28. Não se concederá asilo a quem tenha cometido crime de genocídio, crime contra a humanidade, crime de guerra ou crime de agressão, nos termos do Estatuto de Roma do Tribunal Penal Internacional, de 1998, promulgado pelo Decreto nº 4.388, de 25 de setembro de 2002.

Art. 29. A saída do asilado do País sem prévia comunicação implica renúncia ao asilo.

Seção IV
Da Autorização de Residência

Art. 30. A residência poderá ser autorizada, mediante registro, ao imigrante, ao residente fronteiriço ou ao visitante que se enquadre em uma das seguintes hipóteses:

I – a residência tenha como finalidade:

a) pesquisa, ensino ou extensão acadêmica;

b) tratamento de saúde;

c) acolhida humanitária;

d) estudo;

e) trabalho;

f) férias-trabalho;

g) prática de atividade religiosa ou serviço voluntário;

h) realização de investimento ou de atividade com relevância econômica, social, científica, tecnológica ou cultural;

i) reunião familiar;

II – a pessoa:

a) seja beneficiária de tratado em matéria de residência e livre circulação;

b) seja detentora de oferta de trabalho;

c) já tenha possuído a nacionalidade brasileira e não deseje ou não reúna os requisitos para readquiri-la;

d) (vetado);

e) seja beneficiária de refúgio, de asilo ou de proteção ao apátrida;

f) seja menor nacional de outro país ou apátrida, desacompanhado ou abandonado, que se encontre nas fronteiras brasileiras ou em território nacional;

g) tenha sido vítima de tráfico de pessoas, de trabalho escravo ou de violação de direito agravada por sua condição migratória;

h) esteja em liberdade provisória ou em cumprimento de pena no Brasil;

III – outras hipóteses definidas em regulamento.

§ 1º. Não se concederá a autorização de residência a pessoa condenada criminalmente no Brasil ou no exterior por sentença transitada em julgado, desde que a conduta esteja tipificada na legislação penal brasileira, ressalvados os casos em que:

I – a conduta caracterize infração de menor potencial ofensivo;

II – (vetado); ou

III – a pessoa se enquadre nas hipóteses previstas nas alíneas "b", "c" e "i" do inciso I e na alínea "a" do inciso II do *caput* deste artigo.

§ 2º. O disposto no § 1º não obsta progressão de regime de cumprimento de pena, nos termos da Lei nº 7.210, de 11 de julho de 1984, ficando a pessoa autorizada a trabalhar quando assim exigido pelo novo regime de cumprimento de pena.

(*) A Lei nº 7.210/1984 institui a Lei de Execução Penal.

§ 3º. Nos procedimentos conducentes ao cancelamento de autorização de residência e no recurso contra a negativa de concessão de autorização de residência devem ser respeitados o contraditório e a ampla defesa.

Art. 31. Os prazos e o procedimento da autorização de residência de que trata o art. 30 serão dispostos em regulamento, observado o disposto nesta Lei.

§ 1º. Será facilitada a autorização de residência nas hipóteses das alíneas "a" e "e" do inciso I do art. 30 desta Lei, devendo a deliberação sobre a autorização ocorrer em prazo não superior a 60 (sessenta) dias, a contar de sua solicitação.

§ 2º. Nova autorização de residência poderá ser concedida, nos termos do art. 30, mediante requerimento.

§ 3º. O requerimento de nova autorização de residência após o vencimento do prazo da autorização anterior implicará aplicação da sanção prevista no inciso II do art. 109.

§ 4º. O solicitante de refúgio, de asilo ou de proteção ao apátrida fará jus a autorização provisória de residência até a obtenção de resposta ao seu pedido.

§ 5º. Poderá ser concedida autorização de residência independentemente da situação migratória.

Art. 32. Poderão ser cobradas taxas pela autorização de residência.

Art. 33. Regulamento disporá sobre a perda e o cancelamento da autorização de residência em razão de fraude ou de ocultação de condição impeditiva de concessão de visto, de ingresso ou de permanência no País, observado procedimento administrativo que garanta o contraditório e a ampla defesa.

Art. 34. Poderá ser negada autorização de residência com fundamento nas hipóteses previstas nos incisos I, II, III, IV e IX do art. 45.

Art. 35. A posse ou a propriedade de bem no Brasil não confere o direito de obter visto ou autorização de residência em território nacional, sem prejuízo do disposto sobre visto para realização de investimento.

Art. 36. O visto de visita ou de cortesia poderá ser transformado em autorização de residência, mediante requerimento e registro, desde que satisfeitos os requisitos previstos em regulamento.

Seção V
Da Reunião Familiar

Art. 37. O visto ou a autorização de residência para fins de reunião familiar será concedido ao imigrante:

I – cônjuge ou companheiro, sem discriminação alguma;

II – filho de imigrante beneficiário de autorização de residência, ou que tenha filho brasileiro ou imigrante beneficiário de autorização de residência;

III – ascendente, descendente até o segundo grau ou irmão de brasileiro ou de imigrante beneficiário de autorização de residência; ou

IV – que tenha brasileiro sob sua tutela ou guarda.

Parágrafo único. (Vetado).

Capítulo IV
DA ENTRADA E DA SAÍDA DO TERRITÓRIO NACIONAL

Seção I
Da Fiscalização Marítima, Aeroportuária e de Fronteira

Art. 38. As funções de polícia marítima, aeroportuária e de fronteira serão realizadas pela Polícia Federal nos pontos de entrada e de saída do território nacional.

Parágrafo único. É dispensável a fiscalização de passageiro, tripulante e estafe de navio em passagem inocente, exceto quando houver necessidade de descida de pessoa a terra ou de subida a bordo do navio.

Art. 39. O viajante deverá permanecer em área de fiscalização até que seu documento de viagem tenha sido verificado, salvo os casos previstos em lei.

Art. 40. Poderá ser autorizada a admissão excepcional no País de pessoa que se encontre em uma das seguintes condições, desde que esteja de posse de documento de viagem válido:

I – não possua visto;

II – seja titular de visto emitido com erro ou omissão;

III – tenha perdido a condição de residente por ter permanecido ausente do País na forma especificada em regulamento e detenha as condições objetivas para a concessão de nova autorização de residência;

IV – (vetado); ou

V – seja criança ou adolescente desacompanhado de responsável legal e sem autorização expressa para viajar desacompanhado, independentemente do documento de viagem que portar, hipótese em que haverá imediato encaminhamento ao Conselho Tutelar ou, em caso de necessidade, a instituição indicada pela autoridade competente.

Parágrafo único. Regulamento poderá dispor sobre outras hipóteses excepcionais de admissão, observados os princípios e as diretrizes desta Lei.

Art. 41. A entrada condicional, em território nacional, de pessoa que não preencha os requisitos de admissão poderá ser autorizada mediante a assinatura, pelo transportador ou por seu agente, de termo de compromisso de custear as despesas com a permanência e com as providências para a repatriação do viajante.

Art. 42. O tripulante ou o passageiro que, por motivo de força maior, for obrigado a interromper a viagem em território nacional poderá ter seu desembarque permitido mediante termo de responsabilidade pelas despesas decorrentes do transbordo.

Art. 43. A autoridade responsável pela fiscalização contribuirá para a aplicação de medidas sanitárias em consonância com o Regulamento Sanitário Internacional e com outras disposições pertinentes.

Seção II
Do Impedimento de Ingresso

Art. 44. (Vetado).

Art. 45. Poderá ser impedida de ingressar no País, após entrevista individual e mediante ato fundamentado, a pessoa:

I – anteriormente expulsa do País, enquanto os efeitos da expulsão vigorarem;

II – condenada ou respondendo a processo por ato de terrorismo ou por crime de genocídio, crime contra a humanidade, crime de guerra ou crime de agressão, nos termos definidos pelo Estatuto de Roma do Tribunal Penal Internacional, de 1998, promulgado pelo Decreto nº 4.388, de 25 de setembro de 2002;

III – condenada ou respondendo a processo em outro país por crime doloso passível de extradição segundo a lei brasileira;

IV – que tenha o nome incluído em lista de restrições por ordem judicial ou por compromisso assumido pelo Brasil perante organismo internacional;

V – que apresente documento de viagem que:

a) não seja válido para o Brasil;

b) esteja com o prazo de validade vencido; ou

c) esteja com rasura ou indício de falsificação;

VI – que não apresente documento de viagem ou documento de identidade, quando admitido;

VII – cuja razão da viagem não seja condizente com o visto ou com o motivo alegado para a isenção de visto;

VIII – que tenha, comprovadamente, fraudado documentação ou prestado informação falsa por ocasião da solicitação de visto; ou

IX – que tenha praticado ato contrário aos princípios e objetivos dispostos na Constituição Federal.

Parágrafo único. Ninguém será impedido de ingressar no País por motivo de raça, religião, nacionalidade, pertinência a grupo social ou opinião política.

Capítulo V
DAS MEDIDAS DE RETIRADA COMPULSÓRIA

Seção I
Disposições Gerais

Art. 46. A aplicação deste Capítulo observará o disposto na Lei nº 9.474, de 22 de julho de 1997, e nas disposições legais, tratados, instrumentos e mecanismos que tratem da proteção aos apátridas ou de outras situações humanitárias.

(*) A Lei nº 9.474/1997 define mecanismos para a implementação do Estatuto dos Refugiados de 1951 e determina outras providências.

Art. 47. A repatriação, a deportação e a expulsão serão feitas para o país de nacionalidade ou de procedência do migrante ou do visitante, ou para outro que o aceite, em observância aos tratados dos quais o Brasil seja parte.

Art. 48. Nos casos de deportação ou expulsão, o chefe da unidade da Polícia Federal poderá representar perante o juízo federal, respeitados, nos procedimentos judiciais, os direitos à ampla defesa e ao devido processo legal.

Seção II
Da Repatriação

Art. 49. A repatriação consiste em medida administrativa de devolução de pessoa em situação de impedimento ao país de procedência ou de nacionalidade.

§ 1º. Será feita imediata comunicação do ato fundamentado de repatriação à empresa transportadora e à autoridade consular do país de procedência ou de nacionalidade do migrante ou do visitante, ou a quem o representa.

§ 2º. A Defensoria Pública da União será notificada, preferencialmente por via eletrônica, no caso do § 4º deste artigo ou quando a repatriação imediata não seja possível.

§ 3º. Condições específicas de repatriação podem ser definidas por regulamento ou tratado, observados os princípios e as garantias previstos nesta Lei.

§ 4º. Não será aplicada medida de repatriação à pessoa em situação de refúgio ou de apatridia, de fato ou de direito, ao menor de 18 (dezoito) anos desacompanhado ou separado de sua família, exceto nos casos em que se demonstrar favorável para a garantia de seus direitos ou para a reintegração a sua família de origem, ou a quem necessite de acolhimento humanitário, nem, em qualquer caso, medida de devolução para país ou região que possa apresentar risco à vida, à integridade pessoal ou à liberdade da pessoa.

§ 5º. (Vetado).

Seção III
Da Deportação

Art. 50. A deportação é medida decorrente de procedimento administrativo que consiste na retirada compulsória de pessoa que se encontre em situação migratória irregular em território nacional.

§ 1º. A deportação será precedida de notificação pessoal ao deportando, da qual constem, expressamente, as irregularidades verificadas e prazo para a regularização não inferior a 60 (sessenta) dias, podendo ser prorrogado, por igual período, por despacho fundamentado e mediante compromisso de a pessoa manter atualizadas suas informações domiciliares.

§ 2º. A notificação prevista no § 1º não impede a livre circulação em território nacional, devendo o deportando informar seu domicílio e suas atividades.

§ 3º. Vencido o prazo do § 1º sem que se regularize a situação migratória, a deportação poderá ser executada.

§ 4º. A deportação não exclui eventuais direitos adquiridos em relações contratuais ou decorrentes da lei brasileira.

§ 5º. A saída voluntária de pessoa notificada para deixar o País equivale ao cumprimento da notificação de deportação para todos os fins.

§ 6º. O prazo previsto no § 1º poderá ser reduzido nos casos que se enquadrem no inciso IX do art. 45.

Art. 51. Os procedimentos conducentes à deportação devem respeitar o contraditório e a ampla defesa e a garantia de recurso com efeito suspensivo.

§ 1º. A Defensoria Pública da União deverá ser notificada, preferencialmente por meio eletrônico, para prestação de assistência ao deportando em todos os procedimentos administrativos de deportação.

§ 2º. A ausência de manifestação da Defensoria Pública da União, desde que prévia e devidamente notificada, não impedirá a efetivação da medida de deportação.

Art. 52. Em se tratando de apátrida, o procedimento de deportação dependerá de prévia autorização da autoridade competente.

Art. 53. Não se procederá à deportação se a medida configurar extradição não admitida pela legislação brasileira.

Seção IV
Da Expulsão

Art. 54. A expulsão consiste em medida administrativa de retirada compulsória de migrante ou visitante do território nacional, conjugada com o impedimento de reingresso por prazo determinado.

§ 1º. Poderá dar causa à expulsão a condenação com sentença transitada em julgado relativa à prática de:

I – crime de genocídio, crime contra a humanidade, crime de guerra ou crime de agressão, nos termos definidos pelo Estatuto de Roma do Tribunal Penal Internacional, de 1998, promulgado pelo Decreto nº 4.388, de 25 de setembro de 2002; ou

II – crime comum doloso passível de pena privativa de liberdade, consideradas a gravidade e as possibilidades de ressocialização em território nacional.

§ 2º. Caberá à autoridade competente resolver sobre a expulsão, a duração do impedimento de reingresso e a suspensão ou a revogação dos efeitos da expulsão, observado o disposto nesta Lei.

§ 3º. O processamento da expulsão em caso de crime comum não prejudicará a progressão de regime, o cumprimento da pena, a suspensão condicional do processo, a comutação da pena ou a concessão de pena alternativa, de indulto coletivo ou individual, de anistia ou de quaisquer benefícios concedidos em igualdade de condições ao nacional brasileiro.

§ 4º. O prazo de vigência da medida de impedimento vinculada aos efeitos da expulsão será proporcional ao prazo total da pena aplicada e nunca será superior ao dobro de seu tempo.

Art. 55. Não se procederá à expulsão quando:

I – a medida configurar extradição inadmitida pela legislação brasileira;

II – o expulsando:

a) tiver filho brasileiro que esteja sob sua guarda ou dependência econômica ou socioafetiva ou tiver pessoa brasileira sob sua tutela;

b) tiver cônjuge ou companheiro residente no Brasil, sem discriminação alguma, reconhecido judicial ou legalmente;

c) tiver ingressado no Brasil até os 12 (doze) anos de idade, residindo desde então no País;

d) for pessoa com mais de 70 (setenta) anos que resida no País há mais de 10 (dez) anos, considerados a gravidade e o fundamento da expulsão; ou

e) (vetado).

Art. 56. Regulamento definirá procedimentos para apresentação e processamento de pedidos de suspensão e de revogação dos efeitos das medidas de expulsão e de impedimento de ingresso e permanência em território nacional.

Art. 57. Regulamento disporá sobre condições especiais de autorização de residência para viabilizar medidas de ressocialização a migrante e a visitante em cumprimento de penas aplicadas ou executadas em território nacional.

Art. 58. No processo de expulsão serão garantidos o contraditório e a ampla defesa.

§ 1º. A Defensoria Pública da União será notificada da instauração de processo de expulsão, se não houver defensor constituído.

§ 2º. Caberá pedido de reconsideração da decisão sobre a expulsão no prazo de 10 (dez) dias, a contar da notificação pessoal do expulsando.

Art. 59. Será considerada regular a situação migratória do expulsando cujo processo esteja pendente de decisão, nas condições previstas no art. 55.

Art. 60. A existência de processo de expulsão não impede a saída voluntária do expulsando do País.

Seção V
Das Vedações

Art. 61. Não se procederá à repatriação, à deportação ou à expulsão coletivas.

Parágrafo único. Entende-se por repatriação, deportação ou expulsão coletiva aquela que não individualiza a situação migratória irregular de cada pessoa.

Art. 62. Não se procederá à repatriação, à deportação ou à expulsão de nenhum indivíduo quando subsistirem razões para acreditar que a medida poderá colocar em risco a vida ou a integridade pessoal.

Capítulo VI
DA OPÇÃO DE NACIONALIDADE E DA NATURALIZAÇÃO

Seção I
Da Opção de Nacionalidade

Art. 63. O filho de pai ou de mãe brasileiro nascido no exterior e que não tenha sido registrado em repartição consular poderá, a qualquer tempo, promover ação de opção de nacionalidade.

Parágrafo único. O órgão de registro deve informar periodicamente à autoridade competente os dados relativos à opção de nacionalidade, conforme regulamento.

Seção II
Das Condições da Naturalização

Art. 64. A naturalização pode ser:

I – ordinária;

II – extraordinária;

III – especial; ou

IV – provisória.

Art. 65. Será concedida a naturalização ordinária àquele que preencher as seguintes condições:

I – ter capacidade civil, segundo a lei brasileira;

II – ter residência em território nacional, pelo prazo mínimo de 4 (quatro) anos;

III – comunicar-se em língua portuguesa, consideradas as condições do naturalizando; e

IV – não possuir condenação penal ou estiver reabilitado, nos termos da lei.

Art. 66. O prazo de residência fixado no inciso II do *caput* do art. 65 será reduzido para, no mínimo, 1 (um) ano se o naturalizando preencher quaisquer das seguintes condições:

I – (vetado);

II – ter filho brasileiro;

III – ter cônjuge ou companheiro brasileiro e não estar dele separado legalmente ou de fato no momento de concessão da naturalização;

IV – (vetado);

V – haver prestado ou poder prestar serviço relevante ao Brasil; ou

VI – recomendar-se por sua capacidade profissional, científica ou artística.

Parágrafo único. O preenchimento das condições previstas nos incisos V e VI do *caput* será avaliado na forma disposta em regulamento.

Art. 67. A naturalização extraordinária será concedida a pessoa de qualquer nacionalidade fixada no Brasil há mais de 15 (quinze) anos ininterruptos e sem condenação penal, desde que requeira a nacionalidade brasileira.

Art. 68. A naturalização especial poderá ser concedida ao estrangeiro que se encontre em uma das seguintes situações:

I – seja cônjuge ou companheiro, há mais de 5 (cinco) anos, de integrante do Serviço Exterior Brasileiro em atividade ou de pessoa a serviço do Estado brasileiro no exterior; ou

II – seja ou tenha sido empregado em missão diplomática ou em repartição consular do Brasil por mais de 10 (dez) anos ininterruptos.

Art. 69. São requisitos para a concessão da naturalização especial:

I – ter capacidade civil, segundo a lei brasileira;

II – comunicar-se em língua portuguesa, consideradas as condições do naturalizando; e

III – não possuir condenação penal ou estiver reabilitado, nos termos da lei.

Art. 70. A naturalização provisória poderá ser concedida ao migrante criança ou adolescente que tenha fixado residência em território nacional antes de completar 10 (dez) anos de idade e deverá ser requerida por intermédio de seu representante legal.

Parágrafo único. A naturalização prevista no *caput* será convertida em definitiva se o naturalizando expressamente assim o requerer no prazo de 2 (dois) anos após atingir a maioridade.

Art. 71. O pedido de naturalização será apresentado e processado na forma prevista pelo órgão competente do Poder Executivo, sendo cabível recurso em caso de denegação.

§ 1º. No curso do processo de naturalização, o naturalizando poderá requerer a tradução ou a adaptação de seu nome à língua portuguesa.

§ 2º. Será mantido cadastro com o nome traduzido ou adaptado associado ao nome anterior.

Art. 72. No prazo de até 1 (um) ano após a concessão da naturalização, deverá o naturalizado comparecer perante a Justiça Eleitoral para o devido cadastramento.

Seção III
Dos Efeitos da Naturalização

Art. 73. A naturalização produz efeitos após a publicação no Diário Oficial do ato de naturalização.

Art. 74. (Vetado).

Seção IV
Da Perda da Nacionalidade

Art. 75. O naturalizado perderá a nacionalidade em razão de condenação transitada em julgado por atividade nociva ao interesse nacional, nos termos do inciso I do § 4º do art. 12 da Constituição Federal.

(*) Art. 12, § 4º, I, da CF: "§ 4º – Será declarada a perda da nacionalidade do brasileiro que: I – tiver cancelada sua naturalização, por sentença judicial, em virtude de atividade nociva ao interesse nacional".

Parágrafo único. O risco de geração de situação de apatridia será levado em consideração antes da efetivação da perda da nacionalidade.

Seção V
Da Reaquisição da Nacionalidade

Art. 76. O brasileiro que, em razão do previsto no inciso II do § 4º do art. 12 da Constituição Federal, houver perdido a nacionalidade, uma vez cessada a causa, poderá readquiri-la ou ter o ato que declarou a perda revogado, na forma definida pelo órgão competente do Poder Executivo.

(*) Art. 12, § 4º, II, da CF: "§ 4º – Será declarada a perda da nacionalidade do brasileiro que: II – adquirir outra nacionalidade, salvo nos casos: a) de reconhecimento de nacionalidade originária pela lei estrangeira; b) de imposição de naturalização, pela norma estrangeira, ao brasileiro residente em estado estrangeiro, como condição para permanência em seu território ou para o exercício de direitos civis".

Capítulo VII
DO EMIGRANTE

Seção I
Das Políticas Públicas para os Emigrantes

Art. 77. As políticas públicas para os emigrantes observarão os seguintes princípios e diretrizes:

I – proteção e prestação de assistência consular por meio das representações do Brasil no exterior;

II – promoção de condições de vida digna, por meio, entre outros, da facilitação do registro consular e da prestação de serviços consulares relativos às áreas de educação, saúde, trabalho, previdência social e cultura;

III – promoção de estudos e pesquisas sobre os emigrantes e as comunidades de brasileiros no exterior, a fim de subsidiar a formulação de políticas públicas;

IV – atuação diplomática, nos âmbitos bilateral, regional e multilateral, em defesa dos direitos do emigrante brasileiro, conforme o direito internacional;

V – ação governamental integrada, com a participação de órgãos do governo com atuação nas áreas temáticas mencionadas nos incisos I, II, III e IV, visando a assistir as comunidades brasileiras no exterior; e

VI – esforço permanente de desburocratização, atualização e modernização do sistema de atendimento, com o objetivo de aprimorar a assistência ao emigrante.

Seção II
Dos Direitos do Emigrante

Art. 78. Todo emigrante que decida retornar ao Brasil com ânimo de residência poderá introduzir no País, com isenção de direitos de importação e de taxas aduaneiras, os bens novos ou usados que um viajante, em compatibilidade com as circunstâncias de sua viagem, puder destinar para seu uso ou consumo pessoal e profissional, sempre que, por sua quantidade, natureza ou variedade, não permitam presumir importação ou exportação com fins comerciais ou industriais.

Art. 79. Em caso de ameaça à paz social e à ordem pública por grave ou iminente instabilidade institucional ou de calamidade de grande proporção na natureza, deverá ser prestada especial assistência ao emigrante pelas representações brasileiras no exterior.

Art. 80. O tripulante brasileiro contratado por embarcação ou armadora estrangeira, de cabotagem ou a longo curso e com sede ou filial no Brasil, que explore economicamente o mar territorial e a costa brasileira terá direito a seguro a cargo do contratante, válido para todo o período da contratação, conforme o disposto no Registro de Embarcações Brasileiras (REB), contra acidente de trabalho, invalidez total ou parcial e morte, sem prejuízo de benefícios de apólice mais favorável vigente no exterior.

Capítulo VIII
DAS MEDIDAS DE COOPERAÇÃO

Seção I
Da Extradição

Art. 81. A extradição é a medida de cooperação internacional entre o Estado brasileiro e outro Estado pela qual se concede ou solicita a entrega de pessoa sobre quem recaia condenação criminal definitiva ou para fins de instrução de processo penal em curso.

§ 1º. A extradição será requerida por via diplomática ou pelas autoridades centrais designadas para esse fim.

§ 2º. A extradição e sua rotina de comunicação serão realizadas pelo órgão competente do Poder Executivo em coordenação com as autoridades judiciárias e policiais competentes.

Art. 82. Não se concederá a extradição quando:

I – o indivíduo cuja extradição é solicitada ao Brasil for brasileiro nato;

II – o fato que motivar o pedido não for considerado crime no Brasil ou no Estado requerente;

III – o Brasil for competente, segundo suas leis, para julgar o crime imputado ao extraditando;

IV – a lei brasileira impuser ao crime pena de prisão inferior a 2 (dois) anos;

V – o extraditando estiver respondendo a processo ou já houver sido condenado ou absolvido no Brasil pelo mesmo fato em que se fundar o pedido;

VI – a punibilidade estiver extinta pela prescrição, segundo a lei brasileira ou a do Estado requerente;

VII – o fato constituir crime político ou de opinião;

VIII – o extraditando tiver de responder, no Estado requerente, perante tribunal ou juízo de exceção; ou

IX – o extraditando for beneficiário de refúgio, nos termos da Lei nº 9.474, de 22 de julho de 1997, ou de asilo territorial.

(*) A Lei nº 9.474/1997 define mecanismos para a implementação do Estatuto dos Refugiados de 1951 e determina outras providências.

§ 1º. A previsão constante do inciso VII do *caput* não impedirá a extradição quando o fato constituir, principalmente, infração à lei penal comum ou quando o crime comum, conexo ao delito político, constituir o fato principal.

§ 2º. Caberá à autoridade judiciária competente a apreciação do caráter da infração.

§ 3º. Para determinação da incidência do disposto no inciso I, será observada, nos casos de aquisição de outra nacionalidade por naturalização, a anterioridade do fato gerador da extradição.

§ 4º. O Supremo Tribunal Federal poderá deixar de considerar crime político o atentado contra chefe de Estado ou quaisquer autoridades, bem como crime contra a humanidade, crime de guerra, crime de genocídio e terrorismo.

§ 5º. Admite-se a extradição de brasileiro naturalizado, nas hipóteses previstas na Constituição Federal.

(*) V. art. 5º, LI, da CF: "nenhum brasileiro será extraditado, salvo o naturalizado, em caso de crime comum, praticado antes da naturalização, ou de comprovado envolvimento em tráfico ilícito de entorpecentes e drogas afins, na forma da lei".

Art. 83. São condições para concessão da extradição:

I – ter sido o crime cometido no território do Estado requerente ou serem aplicáveis ao extraditando as leis penais desse Estado; e

II – estar o extraditando respondendo a processo investigatório ou a processo penal ou ter sido condenado pelas autoridades judiciárias do Estado requerente a pena privativa de liberdade.

Art. 84. Em caso de urgência, o Estado interessado na extradição poderá, previamente ou conjuntamente com a formalização do pedido extradicional, requerer, por via diplomática ou por meio de autoridade central do Poder Executivo, prisão cautelar com o objetivo de assegurar a executoriedade da medida de extradição que, após exame da presença dos pressupostos formais de admissibilidade exigidos nesta Lei ou em tratado, deverá representar à autoridade judicial competente, ouvido previamente o Ministério Público Federal.

§ 1º. O pedido de prisão cautelar deverá conter informação sobre o crime cometido e deverá ser fundamentado, podendo ser apresentado por correio, fax, mensagem eletrônica ou qualquer outro meio que assegure a comunicação por escrito.

§ 2º. O pedido de prisão cautelar poderá ser transmitido à autoridade competente para extradição no Brasil por meio de canal estabelecido com o ponto focal da Organização Internacional de Polícia Criminal (Interpol) no País, devidamente instruído com a documentação comprobatória da existência de ordem de prisão proferida por Estado estrangeiro, e, em caso de ausência de tratado, com a promessa de reciprocidade recebida por via diplomática.

§ 3º. Efetivada a prisão do extraditando, o pedido de extradição será encaminhado à autoridade judiciária competente.

§ 4º. Na ausência de disposição específica em tratado, o Estado estrangeiro deverá formalizar o pedido de extradição no prazo de 60 (sessenta) dias, contado da data em que tiver sido cientificado da prisão do extraditando.

§ 5º. Caso o pedido de extradição não seja apresentado no prazo previsto no § 4º, o extraditando deverá ser posto em liberdade, não se admitindo novo pedido de prisão cautelar pelo mesmo fato sem que a extradição tenha sido devidamente requerida.

§ 6º. A prisão cautelar poderá ser prorrogada até o julgamento final da autoridade judiciária competente quanto à legalidade do pedido de extradição.

Art. 85. Quando mais de um Estado requerer a extradição da mesma pessoa, pelo mesmo fato, terá preferência o pedido daquele em cujo território a infração foi cometida.

§ 1º. Em caso de crimes diversos, terá preferência, sucessivamente:

I – o Estado requerente em cujo território tenha sido cometido o crime mais grave, segundo a lei brasileira;

II – o Estado que em primeiro lugar tenha pedido a entrega do extraditando, se a gravidade dos crimes for idêntica;

III – o Estado de origem, ou, em sua falta, o domiciliar do extraditando, se os pedidos forem simultâneos.

§ 2º. Nos casos não previstos nesta Lei, o órgão competente do Poder Executivo decidirá sobre a preferência do pedido, priorizando o Estado requerente que mantiver tratado de extradição com o Brasil.

§ 3º. Havendo tratado com algum dos Estados requerentes, prevalecerão suas normas no que diz respeito à preferência de que trata este artigo.

Art. 86. O Supremo Tribunal Federal, ouvido o Ministério Público, poderá autorizar prisão albergue ou domiciliar ou determinar que o extraditando responda ao processo de extradição em liberdade, com retenção do documento de viagem ou outras medidas cautelares necessárias, até o julgamento da extradição ou a entrega do extraditando, se pertinente, considerando a situação administrativa migratória, os antecedentes do extraditando e as circunstâncias do caso.

Art. 87. O extraditando poderá entregar-se voluntariamente ao Estado requerente, desde que o declare expressamente, esteja assistido por advogado e seja advertido de que tem direito ao processo judicial de extradição e à proteção que tal direito encerra, caso em que o pedido será decidido pelo Supremo Tribunal Federal.

Art. 88. Todo pedido que possa originar processo de extradição em face de Estado estrangeiro deverá ser encaminhado ao órgão competente do Poder Executivo diretamente pelo órgão do Poder Judiciário responsável pela decisão ou pelo processo penal que a fundamenta.

§ 1º. Compete a órgão do Poder Executivo o papel de orientação, de informação e de avaliação dos elementos formais de admissibilidade dos processos preparatórios para encaminhamento ao Estado requerido.

§ 2º. Compete aos órgãos do sistema de Justiça vinculados ao processo penal gerador de pedido de extradição a apresentação de todos os documentos, manifestações e demais elementos necessários para o processamento do pedido, inclusive suas traduções oficiais.

§ 3º. O pedido deverá ser instruído com cópia autêntica ou com o original da sentença condenatória ou da decisão penal proferida, conterá indicações precisas sobre o local, a data, a natureza e as circunstâncias do fato criminoso e a identidade do extraditando e será acompanhado de cópia dos textos legais sobre o crime, a competência, a pena e a prescrição.

§ 4º. O encaminhamento do pedido de extradição ao órgão competente do Poder Executivo confere autenticidade aos documentos.

Art. 89. O pedido de extradição originado de Estado estrangeiro será recebido pelo órgão competente do Poder Executivo e, após exame da presença dos pressupostos formais de admissibilidade exigidos nesta Lei ou em tratado, encaminhado à autoridade judiciária competente.

Parágrafo único. Não preenchidos os pressupostos referidos no *caput*, o pedido será arquivado mediante decisão fundamentada, sem prejuízo da possibilidade de renovação do pedido, devidamente instruído, uma vez superado o óbice apontado.

Art. 90. Nenhuma extradição será concedida sem prévio pronunciamento do Supremo Tribunal Federal sobre sua legalidade e procedência, não cabendo recurso da decisão.

Art. 91. Ao receber o pedido, o relator designará dia e hora para o interrogatório do extraditando e, conforme o caso, nomear-lhe-á curador ou advogado, se não o tiver.

§ 1º. A defesa, a ser apresentada no prazo de 10 (dez) dias contado da data do interrogatório, versará sobre a identidade da pessoa reclamada, defeito de forma de documento apresentado ou ilegalidade da extradição.

§ 2º. Não estando o processo devidamente instruído, o Tribunal, a requerimento do órgão do Ministério Público Federal correspondente, poderá converter o julgamento em diligência para suprir a falta.

§ 3º. Para suprir a falta referida no § 2º, o Ministério Público Federal terá prazo improrrogável de 60 (sessenta) dias, após o qual o pedido será julgado independentemente da diligência.

§ 4º. O prazo referido no § 3º será contado da data de notificação à missão diplomática do Estado requerente.

Art. 92. Julgada procedente a extradição e autorizada a entrega pelo órgão competente do Poder Executivo, será o ato comunicado por via diplomática ao Estado requerente, que, no prazo de 60 (sessenta) dias da comunicação, deverá retirar o extraditando do território nacional.

Art. 93. Se o Estado requerente não retirar o extraditando do território nacional no prazo previsto no art. 92, será ele posto em liberdade, sem prejuízo de outras medidas aplicáveis.

Art. 94. Negada a extradição em fase judicial, não se admitirá novo pedido baseado no mesmo fato.

Art. 95. Quando o extraditando estiver sendo processado ou tiver sido condenado, no Brasil, por crime punível com pena privativa de liberdade, a extradição será executada somente depois da conclusão do processo ou do cumprimento da pena, ressalvadas as hipóteses de liberação antecipada pelo Poder Judiciário e de determinação da transferência da pessoa condenada.

§ 1º. A entrega do extraditando será igualmente adiada se a efetivação da medida puser em risco sua vida em virtude de enfermidade grave comprovada por laudo médico oficial.

§ 2º. Quando o extraditando estiver sendo processado ou tiver sido condenado, no Brasil, por infração de menor potencial ofensivo, a entrega poderá ser imediatamente efetivada.

Art. 96. Não será efetivada a entrega do extraditando sem que o Estado requerente assuma o compromisso de:

I – não submeter o extraditando a prisão ou processo por fato anterior ao pedido de extradição;

II – computar o tempo da prisão que, no Brasil, foi imposta por força da extradição;

III – comutar a pena corporal, perpétua ou de morte em pena privativa de liberdade, respeitado o limite máximo de cumprimento de 30 (trinta) anos;

IV – não entregar o extraditando, sem consentimento do Brasil, a outro Estado que o reclame;

V – não considerar qualquer motivo político para agravar a pena; e

VI – não submeter o extraditando a tortura ou a outros tratamentos ou penas cruéis, desumanos ou degradantes.

Art. 97. A entrega do extraditando, de acordo com as leis brasileiras e respeitado o direito de terceiro, será feita com os objetos e instrumentos do crime encontrados em seu poder.

Parágrafo único. Os objetos e instrumentos referidos neste artigo poderão ser entregues independentemente da entrega do extraditando.

Art. 98. O extraditando que, depois de entregue ao Estado requerente, escapar à ação da Justiça e homiziar-se no Brasil, ou por ele transitar, será detido mediante pedido feito diretamente por via diplomática ou pela Interpol e novamente entregue, sem outras formalidades.

Art. 99. Salvo motivo de ordem pública, poderá ser permitido, pelo órgão competente do Poder Executivo, o trânsito no território nacional de pessoa extraditada por Estado estrangeiro, bem como o da respectiva guarda, mediante apresentação de documento comprobatório de concessão da medida.

Seção II
Da Transferência de Execução da Pena

Art. 100. Nas hipóteses em que couber solicitação de extradição executória, a autoridade competente poderá solicitar ou autorizar a transferência de execução da pena, desde que observado o princípio do *non bis in idem*.

Parágrafo único. Sem prejuízo do disposto no Decreto-Lei nº 2.848, de 7 de dezembro de 1940 (Código Penal), a transferência de execução da pena será possível quando preenchidos os seguintes requisitos:

I – o condenado em território estrangeiro for nacional ou tiver residência habitual ou vínculo pessoal no Brasil;

II – a sentença tiver transitado em julgado;

III – a duração da condenação a cumprir ou que restar para cumprir for de, pelo menos, 1 (um) ano, na data de apresentação do pedido ao Estado da condenação;

IV – o fato que originou a condenação constituir infração penal perante a lei de ambas as partes; e

V – houver tratado ou promessa de reciprocidade.

Art. 101. O pedido de transferência de execução da pena de Estado estrangeiro será requerido por via diplomática ou por via de autoridades centrais.

§ 1º. O pedido será recebido pelo órgão competente do Poder Executivo e, após exame da presença dos pressupostos formais de admissibilidade exigidos nesta Lei ou em tratado, encaminhado ao Superior Tribunal de Justiça para decisão quanto à homologação.

§ 2º. Não preenchidos os pressupostos referidos no § 1º, o pedido será arquivado mediante decisão fundamentada, sem prejuízo da possibilidade de renovação do pedido, devidamente instruído, uma vez superado o óbice apontado.

Art. 102. A forma do pedido de transferência de execução da pena e seu processamento serão definidos em regulamento.

Parágrafo único. Nos casos previstos nesta Seção, a execução penal será de competência da Justiça Federal.

Seção III
Da Transferência de Pessoa Condenada

Art. 103. A transferência de pessoa condenada poderá ser concedida quando o pedido se fundamentar em tratado ou houver promessa de reciprocidade.

§ 1º. O condenado no território nacional poderá ser transferido para seu país de nacionalidade ou país em que tiver residência habitual ou vínculo pessoal, desde que expresse interesse nesse sentido, a fim de cumprir pena a ele imposta pelo Estado brasileiro por sentença transitada em julgado.

§ 2º. A transferência de pessoa condenada no Brasil pode ser concedida juntamente com a aplicação de medida de impedimento de reingresso em território nacional, na forma de regulamento.

Art. 104. A transferência de pessoa condenada será possível quando preenchidos os seguintes requisitos:

I – o condenado no território de uma das partes for nacional ou tiver residência habitual ou vínculo pessoal no território da outra parte que justifique a transferência;

II – a sentença tiver transitado em julgado;

III – a duração da condenação a cumprir ou que restar para cumprir for de, pelo menos, 1 (um) ano, na data de apresentação do pedido ao Estado da condenação;

IV – o fato que originou a condenação constituir infração penal perante a lei de ambos os Estados;

V – houver manifestação de vontade do condenado ou, quando for o caso, de seu representante; e

VI – houver concordância de ambos os Estados.

Art. 105. A forma do pedido de transferência de pessoa condenada e seu processamento serão definidos em regulamento.

§ 1º. Nos casos previstos nesta Seção, a execução penal será de competência da Justiça Federal.

§ 2º. Não se procederá à transferência quando inadmitida a extradição.

§ 3º. (Vetado).

Capítulo IX
DAS INFRAÇÕES E DAS PENALIDADES ADMINISTRATIVAS

Art. 106. Regulamento disporá sobre o procedimento de apuração das infrações administrativas e seu processamento e sobre a fixação e a atualização das multas, em observância ao disposto nesta Lei.

Art. 107. As infrações administrativas previstas neste Capítulo serão apuradas em processo administrativo próprio, assegurados o contraditório e a ampla defesa e observadas as disposições desta Lei.

§ 1º. O cometimento simultâneo de duas ou mais infrações importará cumulação das sanções cabíveis, respeitados os limites estabelecidos nos incisos V e VI do art. 108.

§ 2º. A multa atribuída por dia de atraso ou por excesso de permanência poderá ser convertida em redução equivalente do período de autorização de estada para o visto de visita, em caso de nova entrada no País.

Art. 108. O valor das multas tratadas neste Capítulo considerará:

I – as hipóteses individualizadas nesta Lei;

II – a condição econômica do infrator, a reincidência e a gravidade da infração;

III – a atualização periódica conforme estabelecido em regulamento;

IV – o valor mínimo individualizável de R$ 100,00 (cem reais);

V – o valor mínimo de R$ 100,00 (cem reais) e o máximo de R$ 10.000,00 (dez mil reais) para infrações cometidas por pessoa física;

VI – o valor mínimo de R$ 1.000,00 (mil reais) e o máximo de R$ 1.000.000,00 (um milhão de reais) para infrações cometidas por pessoa jurídica, por ato infracional.

Art. 109. Constitui infração, sujeitando o infrator às seguintes sanções:

I – entrar em território nacional sem estar autorizado:

Sanção: deportação, caso não saia do País ou não regularize a situação migratória no prazo fixado;

II – permanecer em território nacional depois de esgotado o prazo legal da documentação migratória:

Sanção: multa por dia de excesso e deportação, caso não saia do País ou não regularize a situação migratória no prazo fixado;

III – deixar de se registrar, dentro do prazo de 90 (noventa) dias do ingresso no País, quando for obrigatória a identificação civil:

Sanção: multa;

IV – deixar o imigrante de se registrar, para efeito de autorização de residência, dentro do prazo de 30 (trinta) dias, quando orientado a fazê-lo pelo órgão competente:

Sanção: multa por dia de atraso;

V – transportar para o Brasil pessoa que esteja sem documentação migratória regular:

Sanção: multa por pessoa transportada;

VI – deixar a empresa transportadora de atender a compromisso de manutenção da estada ou de promoção da saída do território nacional de quem tenha sido autorizado a ingresso condicional no Brasil por não possuir a devida documentação migratória:

Sanção: multa;

VII – furtar-se ao controle migratório, na entrada ou saída do território nacional:

Sanção: multa.

Art. 110. As penalidades aplicadas serão objeto de pedido de reconsideração e de recurso, nos termos de regulamento.

Parágrafo único. Serão respeitados o contraditório, a ampla defesa e a garantia de recurso, assim como a situação de hipossuficiência do migrante ou do visitante.

Capítulo X
DISPOSIÇÕES FINAIS E TRANSITÓRIAS

Art. 111. Esta Lei não prejudica direitos e obrigações estabelecidos por tratados vigentes no Brasil e que sejam mais benéficos ao migrante e ao visitante, em particular os tratados firmados no âmbito do Mercosul.

Art. 112. As autoridades brasileiras serão tolerantes quanto ao uso do idioma do residente fronteiriço e do imigrante quando eles se dirigirem a órgãos ou repartições públicas para reclamar ou reivindicar os direitos decorrentes desta Lei.

Art. 113. As taxas e emolumentos consulares são fixados em conformidade com a tabela anexa a esta Lei.

§ 1º. Os valores das taxas e emolumentos consulares poderão ser ajustados pelo órgão competente da administração pública federal, de forma a preservar o interesse nacional ou a assegurar a reciprocidade de tratamento.

§ 2º. Não serão cobrados emolumentos consulares pela concessão de:

I – vistos diplomáticos, oficiais e de cortesia; e

II – vistos em passaportes diplomáticos, oficiais ou de serviço, ou equivalentes, mediante reciprocidade de tratamento a titulares de documento de viagem similar brasileiro.

§ 3º. Não serão cobrados taxas e emolumentos consulares pela concessão de vistos ou para a obtenção de documentos para regularização migratória aos integrantes de grupos vulneráveis e indivíduos em condição de hipossuficiência econômica.

§ 4º. (Vetado).

Art. 114. Regulamento poderá estabelecer competência para órgãos do Poder Executivo disciplinarem aspectos específicos desta Lei.

Art. 115. O Decreto-Lei nº 2.848, de 7 de dezembro de 1940 (Código Penal), passa a vigorar acrescido do seguinte art. 232-A:

"Promoção de migração ilegal

Art. 232-A. Promover, por qualquer meio, com o fim de obter vantagem econômica, a entrada ilegal de estrangeiro em território nacional ou de brasileiro em país estrangeiro:

Pena – reclusão, de 2 (dois) a 5 (cinco) anos, e multa.

§ 1º. Na mesma pena incorre quem promover, por qualquer meio, com o fim de obter vantagem econômica, a saída de estrangeiro do território nacional para ingressar ilegalmente em país estrangeiro.

§ 2º. A pena é aumentada de 1/6 (um sexto) a 1/3 (um terço) se:

I – o crime é cometido com violência; ou

II – a vítima é submetida a condição desumana ou degradante.

§ 3º. A pena prevista para o crime será aplicada sem prejuízo das correspondentes às infrações conexas."

Art. 116. (Vetado).

Art. 117. O documento conhecido por Registro Nacional de Estrangeiro passa a ser denominado Registro Nacional Migratório.

Art. 118. (Vetado).

Art. 119. O visto emitido até a data de entrada em vigor desta Lei poderá ser utilizado até a data prevista de expiração de sua validade, podendo ser transformado ou ter seu prazo de estada prorrogado, nos termos de regulamento.

Art. 120. A Política Nacional de Migrações, Refúgio e Apatridia terá a finalidade de coordenar e articular ações setoriais implementadas pelo Poder Executivo federal em regime de cooperação com os Estados, o Distrito Federal e os Municípios, com participação de organizações da sociedade civil, organismos internacionais e entidades privadas, conforme regulamento.

§ 1º. Ato normativo do Poder Executivo federal poderá definir os objetivos, a organização e a estratégia de coordenação da Política Nacional de Migrações, Refúgio e Apatridia.

§ 2º. Ato normativo do Poder Executivo federal poderá estabelecer planos nacionais e outros instrumentos para a efetivação dos objetivos desta Lei e a coordenação entre órgãos e colegiados setoriais.

§ 3º. Com vistas à formulação de políticas públicas, deverá ser produzida informação quantitativa e qualitativa, de forma sistemática, sobre os migrantes, com a criação de banco de dados.

Art. 121. Na aplicação desta Lei, devem ser observadas as disposições da Lei nº 9.474, de 22 de julho de 1997, nas situações que envolvam refugiados e solicitantes de refúgio.

(*) A Lei nº 9.474/1997 define mecanismos para a implementação do Estatuto dos Refugiados de 1951 e determina outras providências.

Art. 122. A aplicação desta Lei não impede o tratamento mais favorável assegurado por tratado em que a República Federativa do Brasil seja parte.

Art. 123. Ninguém será privado de sua liberdade por razões migratórias, exceto nos casos previstos nesta Lei.

Art. 124. Revogam-se:

I – a Lei nº 818, de 18 de setembro de 1949; e

(*) A Lei nº 818/1949 regulava a aquisição, a perda e a reaquisição da nacionalidade, e a perda dos direitos políticos.

II – a Lei nº 6.815, de 19 de agosto de 1980 (Estatuto do Estrangeiro).

Art. 125. Esta Lei entra em vigor após decorridos 180 (cento e oitenta) dias de sua publicação oficial.

Brasília, 24 de maio de 2017; 196º da Independência e 129º da República.

Michel Temer, Osmar Serraglio, Aloysio Nunes Ferreira Filho, Henrique Meirelles, Eliseu Padilha, Sergio Westphalen Etchegoyen, Grace Maria Fernandes Mendonça

DOU de 25.05.2017

ANEXO

Tabela de Taxas e Emolumentos Consulares (Art. 113)

Grupo	Subgrupo	Número do Emolumento
100 – Documentos de viagem	110 – Passaporte comum	110.3
100 – Documentos de viagem	110 – Passaporte comum	110.4
100 – Documentos de viagem	120 – Passaporte diplomático	120.1
100 – Documentos de viagem	130 – Passaporte oficial	130.1
100 – Documentos de viagem	140 – Passaporte de emergência	140.1
100 – Documentos de viagem	150 – Passaporte para estrangeiro	150.3
100 – Documentos de viagem	150 – Passaporte para estrangeiro	150.4
100 – Documentos de viagem	160 – *Laissez-passer*	160.3
100 – Documentos de viagem	160 – *Laissez-passer*	160.4
100 – Documentos de viagem	170 – Autorização de retorno ao Brasil	170.1
100 – Documentos de viagem	180 – Carteira de matrícula consular	180.1
200 – Visto em documento de viagem estrangeiro ou *laissez-passer* brasileiro	220 – Visto de visita	220.1
200 – Visto em documento de viagem estrangeiro ou *laissez-passer* brasileiro	230 – Visto temporário (de 0 a R$ ouro 1.000,00)	211.1
200 – Visto em documento de viagem estrangeiro ou *laissez-passer* brasileiro	220 – Visto de visita (de 0 a R$ ouro 1.000,00)	220.2
200 – Visto em documento de viagem estrangeiro ou *laissez-passer* brasileiro	220 – Visto de visita (de 0 a R$ ouro 1.000,00)	220.3
200 – Visto em documento de viagem estrangeiro ou *laissez-passer* brasileiro	230 – Visto temporário (de 0 a R$ ouro 1.000,00)	230.1
200 – Visto em documento de viagem estrangeiro ou *laissez-passer* brasileiro	230 – Visto temporário (de 0 a R$ ouro 1.000,00)	230.2
200 – Visto em documento de viagem estrangeiro ou *laissez-passer* brasileiro	230 – Visto temporário (de 0 a R$ ouro 1.000,00)	230.3

Natureza do Emolumento	Valor
Concessão de passaporte biométrico	R$ – Ouro 80,00
Concessão de passaporte biométrico sem apresentação do documento anterior	R$ – Ouro 160,00
Concessão	Gratuito
Concessão	Gratuito
Concessão em situação excepcional (art. 13 do Decreto nº 5.978/2006 – RDV)	Gratuito
Concessão de passaporte biométrico	R$ – Ouro 80,00
Concessão de passaporte biométrico sem apresentação do documento anterior	R$ – Ouro 160,00
Concessão de *laissez-passer* biométrico	R$ – Ouro 80,00
Concessão de *laissez-passer* biométrico sem apresentação do documento anterior	R$ – Ouro 160,00
Concessão	Gratuito
Concessão	Gratuito
Concessão ou renovação do prazo de entrada	R$ – Ouro 80,00
Concessão ou renovação do prazo de entrada	R$ – Ouro 100,00
Concessão ou renovação do prazo de entrada (reciprocidade – Austrália)	R$ – Ouro 120,00
Concessão ou renovação do prazo de entrada (reciprocidade – Angola)	R$ – Ouro 100,00
VITEM I – Concessão ou renovação do prazo de entrada – Pesquisa, ensino ou extensão acadêmica	R$ – Ouro 100,00
VITEM II – Concessão ou renovação do prazo de estada – Tratamento de saúde	R$ – Ouro 100,00
VITEM III – Concessão ou renovação do prazo de estada – Acolhida humanitária	Gratuito

Grupo	Subgrupo	Número do Emolumento
200 – Visto em documento de viagem estrangeiro ou *laissez-passer* brasileiro	230 – Visto temporário (de 0 a R$ ouro 1.000,00)	230.4
200 – Visto em documento de viagem estrangeiro ou *laissez-passer* brasileiro	230 – Visto temporário (de 0 a R$ ouro 1.000,00)	230.5
200 – Visto em documento de viagem estrangeiro ou *laissez-passer* brasileiro	230 – Visto temporário (de 0 a R$ ouro 1.000,00)	230.6
200 – Visto em documento de viagem estrangeiro ou *laissez-passer* brasileiro	230 – Visto temporário (de 0 a R$ ouro 1.000,00)	230.7
200 – Visto em documento de viagem estrangeiro ou *laissez-passer* brasileiro	230 – Visto temporário (de 0 a R$ ouro 1.000,00)	230.8
200 – Visto em documento de viagem estrangeiro ou *laissez-passer* brasileiro	230 – Visto temporário (de 0 a R$ ouro 1.000,00)	230.9
200 – Visto em documento de viagem estrangeiro ou *laissez-passer* brasileiro	230 – Visto temporário (de 0 a R$ ouro 1.000,00)	230.10
200 – Visto em documento de viagem estrangeiro ou *laissez-passer* brasileiro	230 – Visto temporário (de 0 a R$ ouro 1.000,00)	230.11
200 – Visto em documento de viagem estrangeiro ou *laissez-passer* brasileiro	230 – Visto temporário (de 0 a R$ ouro 1.000,00)	230.65
200 – Visto em documento de viagem estrangeiro ou *laissez-passer* brasileiro	230 – Visto temporário (de 0 a R$ ouro 1.000,00)	230.66
200 – Visto em documento de viagem estrangeiro ou *laissez-passer* brasileiro	220 – Visto de visita (de 0 a R$ ouro 1.000,00)	220.4
200 – Visto em documento de viagem estrangeiro ou *laissez-passer* brasileiro	220 – Visto de visita (de 0 a R$ ouro 1.000,00)	220.5
200 – Visto em documento de viagem estrangeiro ou *laissez-passer* brasileiro	230 – Visto temporário (de 0 a R$ ouro 1.000,00)	230.12
200 – Visto em documento de viagem estrangeiro ou *laissez-passer* brasileiro	230 – Visto temporário (de 0 a R$ ouro 1.000,00)	230.13
200 – Visto em documento de viagem estrangeiro ou *laissez-passer* brasileiro	230 – Visto temporário (de 0 a R$ ouro 1.000,00)	230.14
200 – Visto em documento de viagem estrangeiro ou *laissez-passer* brasileiro	230 – Visto temporário (de 0 a R$ ouro 1.000,00)	230.15

Natureza do Emolumento	Valor
VITEM IV – Concessão ou renovação do prazo de estada – Estudo	R$ – Ouro 100,00
VITEM V – Concessão ou renovação do prazo de estada – Trabalho	R$ – Ouro 100,00
VITEM VI – Concessão ou renovação do prazo de estada – Férias-trabalho – Nova Zelândia	R$ – Ouro 80,00
VITEM VII – Concessão ou prorrogação do prazo de estada – Atividades religiosas e serviço voluntário	R$ – Ouro 100,00
VITEM VIII – Concessão ou prorrogação do prazo de estada – Investimentos ou atividade de relevância econômica, científica, tecnológica ou cultural	R$ – Ouro 100,00
VITEM IX – Concessão ou prorrogação do prazo de estada – Reunião familiar	R$ – Ouro 100,00
VITEM X – Concessão ou prorrogação do prazo de estada – Tratados	R$ – Ouro 100,00
VITEM XI – Concessão ou prorrogação do prazo de estada – Casos definidos em regulamento	R$ – Ouro 100,00
VICAM – Visto temporário de capacitação médica	R$ – Ouro 0,00
VICAM – Visto temporário para dependente de titular de VICAM	R$ – Ouro 0,00
VIVIS – Concessão (reciprocidade – Argélia)	R$ – Ouro 85,00
VIVIS – Concessão (reciprocidade – Estados Unidos)	R$ – Ouro 160,00
VITEM IV – Concessão (reciprocidade – Estados Unidos)	R$ – Ouro 160,00
VITEM I e VII (reciprocidade – Estados Unidos)	R$ – Ouro 250,00
VITEM II, V, VIII, IX e XI (reciprocidade – Estados Unidos)	R$ – Ouro 290,00
VITEM IV – Concessão (reciprocidade – Reino Unido)	R$ – Ouro 465,00

Grupo	Subgrupo	Número do Emolumento
200 – Visto em documento de viagem estrangeiro ou *laissez-passer* brasileiro	220 – Visto de visita (de 0 a R$ ouro 1.000,00)	220.6
200 – Visto em documento de viagem estrangeiro ou *laissez-passer* brasileiro	230 – Visto temporário (de 0 a R$ ouro 1.000,00)	230.16
300 – Atos de registro civil	310 – Registro de nascimento e expedição da respectiva certidão	—
300 – Atos de registro civil	320 – Celebração de casamento	320.1
300 – Atos de registro civil	320 – Celebração de casamento	320.2
300 – Atos de registro civil	330 – Registro de óbito e expedição da respectiva certidão	—
300 – Atos de registro civil	340 – Outros atos de registro civil e expedição da respectiva certidão	—
300 – Atos de registro civil	350 – Certidões adicionais de atos de registro civil	—
400 – Atos notariais	410 – Reconhecimento de assinatura ou legalização de documento não passado na repartição consular	410.1
400 – Atos notariais	410 – Reconhecimento de assinatura ou de legalização de documento não passado na repartição consular	410.2
400 – Atos notariais	410 – Reconhecimento de assinatura ou de legalização de documento não passado na repartição consular	410.3
400 – Atos notariais	410 – Reconhecimento de assinatura ou de legalização de documento não passado na repartição consular	410.4
400 – Atos notariais	410 – Reconhecimento de assinatura ou de legalização de documento não passado na repartição consular	410.5
400 – Atos Notariais	420 – Pública-forma	420.1
400 – Atos notariais	420 – Pública-forma	420.2

Natureza do Emolumento	Valor
VIVIS – Concessão (reciprocidade – China)	R$ – Ouro 115,00
Visto temporário – Validade superior a 180 dias (reciprocidade – Reino Unido)	R$ – Ouro 215,00
—	Gratuito
Registro de casamento realizado fora da repartição consular e expedição da respectiva certidão	R$ – Ouro 20,00
Celebração de casamento na repartição consular e expedição da respectiva certidão	Gratuito
—	Gratuito
—	Gratuito
—	R$ – Ouro 5,00
Quando destinado à cobrança de pensões do Estado, vencimentos de serviço público, para efeitos de saque do Fundo de Garantia do Tempo de Serviço (FGTS) mediante termo de compromisso com a Caixa Econômica Federal, por aposentadoria ou, ainda, por reforma	Gratuito
Quando destinado a documentos escolares, para cada documento e até o máximo de 3 (três) documentos relativos à mesma pessoa	R$ – Ouro 5,00
Quando destinado a documentos escolares, havendo mais de 3 (três) documentos relativos à mesma pessoa, os documentos poderão ser reunidos em maço e feita uma única legalização	R$ – Ouro 15,00
Quando destinado a outros documentos não mencionados anteriormente, do nº 410.1 ao nº 410.3: para cada documento, na assinatura que não seja repetida, ou pela legalização do reconhecimento notarial	R$ – Ouro 20,00
Quando destinado a outros documentos não mencionados anteriormente, do nº 410.1 ao nº 410.4, e se houver mais de 3 (três) documentos, do interesse da mesma pessoa física ou jurídica, já reunidos em maço e com reconhecimento notarial, a legalização será feita mediante o reconhecimento da firma do notário	R$ – Ouro 60,00
Pública-forma: documento escrito em idioma nacional	pela primeira folha: R$ – Ouro 10,00
	por folha adicional: R$ – Ouro 5,00
Pública-forma: documento escrito em idioma estrangeiro	pela primeira folha: R$ – Ouro 15,00
	por folha adicional: R$ – Ouro 10,00

Grupo	Subgrupo	Número do Emolumento
400 – Atos notariais	430 – Autenticação de cópias de documentos	430.1
400 – Atos notariais	430 – Autenticação de cópias de documentos	430.2
400 – Atos notariais	430 – Autenticação de cópias de documentos	430.3
400 – Atos notariais	430 – Autenticação de cópias de documentos	430.4
400 – Atos notariais	440 – Procurações ou substabelecimentos, lavrados nos livros da repartição consular, incluído o primeiro traslado	440.1
400 – Atos notariais	440 – Procurações ou substabelecimentos, lavrados nos livros da repartição consular, incluído o primeiro traslado	440.2
400 – Atos notariais	440 – Procurações ou substabelecimentos, lavrados nos livros da repartição consular, incluído o primeiro traslado	440.3
400 – Atos notariais	440 – Procurações ou substabelecimentos, lavrados nos livros da repartição consular, incluído o primeiro traslado	440.4
400 – Atos notariais	450 – Sucessão	450.1
400 – Atos notariais	450 – Sucessão	450.2
400 – Atos notariais	460 – Escrituras e registros de títulos e documentos	460.1
400 – Atos notariais	460 – Escrituras e registros de títulos e documentos	460.2
400 – Atos notariais	460 – Escrituras e registros de títulos e documentos	460.3
400 – Atos notariais	460 – Escrituras e registros de títulos e documentos	460.4
400 – Atos notariais	470 – Certidões adicionais	470.1

Natureza do Emolumento	Valor
Para cada documento copiado na repartição (se o documento for escrito em idioma nacional)	R$ – Ouro 10,00
Para cada documento copiado fora da repartição (se o documento for escrito em idioma nacional)	R$ – Ouro 5,00
Para cada documento copiado na repartição (se o documento for escrito em idioma estrangeiro)	R$ – Ouro 15,00
Para cada documento copiado fora da repartição (se o documento for escrito em idioma estrangeiro)	R$ – Ouro 10,00
Para cobrança ou cessação do pagamento de pensões do Estado, vencimentos de serviço público, aposentadoria ou reforma	R$ – Ouro 5,00
Para os demais efeitos que não os mencionados no nº 440.1, por outorgante (cobrado apenas um emolumento quando os outorgantes forem: marido e mulher; irmãos e co-herdeiros para o inventário e herança comum; ou representantes de universidades, cabido, conselho, irmandade, confraria, sociedade comercial, científica, literária ou artística)	R$ – Ouro 20,00
No caso do nº 440.1 (por segundo traslado de procuração ou substabelecimento)	R$ – Ouro 5,00
No caso do nº 440.2 (por segundo traslado de procuração ou substabelecimento)	R$ – Ouro 10,00
Lavratura de testamento público	R$ – Ouro 30,00
Termo de aprovação de testamento cerrado e respectiva certidão	R$ – Ouro 20,00
Escritura tomada por termo no livro de escrituras e registros de títulos e documentos da repartição e expedição da respectiva certidão	R$ – Ouro 15,00
Escritura e registro de qualquer contrato e expedição da respectiva certidão	até R$ ouro 2.000: 3%
	pelo que exceder de R$ ouro 2.000 até R$ ouro 400.000: 2%
	pelo que exceder de R$ ouro 400.000: 1%
Registro de quaisquer outros documentos no livro de escrituras e registros de títulos e documentos da repartição e expedição da respectiva certidão	pela primeira página: R$ – Ouro 20,00
	por página adicional: R$ – Ouro 10,00
Registro de quaisquer outros documentos, em idioma estrangeiro, no livro de escrituras e registros de títulos e documentos da repartição e expedição da respectiva certidão	pela primeira página: R$ – Ouro 25,00
	por página adicional: R$ – Ouro 15,00
Por certidões adicionais dos documentos previstos nos grupos 450 e 460	R$ – Ouro 10,00

Grupo	Subgrupo	Número do Emolumento
500 – Atestados ou certificados consulares	510 – Certificado de vida	—
500 – Atestados ou certificados consulares	520 – Quaisquer outros atestados, certificados ou declarações consulares, inclusive o certificado de residência	—
500 – Atestados ou certificados consulares	530 – Legalização de documento expedido por autoridade brasileira	—
600 – Atos referentes à navegação	610 – Atos de navegação – Diversos	610.1
600 – Atos referentes à navegação	610 – Atos de navegação – Diversos	610.10
600 – Atos referentes à navegação	610 – Atos de navegação – Diversos	610.11
600 – Atos referentes à navegação	610 – Atos de navegação – Diversos	610.12
600 – Atos referentes à navegação	610 – Atos de navegação – Diversos	610.13
600 – Atos referentes à navegação	610 – Atos de navegação – Diversos	610.2
600 – Atos referentes à navegação	610 – Atos de navegação – Diversos	610.3
600 – Atos referentes à navegação	610 – Atos de navegação – Diversos	610.4
600 – Atos referentes à navegação	610 – Atos de navegação – Diversos	610.5
600 – Atos referentes à navegação	610 – Atos de navegação – Diversos	610.6
600 – Atos referentes à navegação	610 – Atos de navegação – Diversos	610.7
600 – Atos referentes à navegação	610 – Atos de navegação – Diversos	610.8
600 – Atos referentes à navegação	610 – Atos de navegação – Diversos	610.9
600 – Atos referentes à navegação	620 – Inventário de embarcação	620.1
600 – Atos referentes à navegação	620 – Inventário de embarcação	620.2
600 – Atos referentes à navegação	630 – Assistência da autoridade consular a vistorias de mercadorias	630.1

Natureza do Emolumento	Valor
—	R$ – Ouro 5,00
—	R$ – Ouro 15,00
—	R$ – Ouro 5,00
Registro de nomeação de capitão, por mudança de comando, e expedição da respectiva certidão	R$ – Ouro 20,00
Registro provisório de embarcação, nomeação de capitão, legalização da lista de tripulantes e expedição do respectivo passaporte extraordinário de autoridade consular brasileira	R$ – Ouro 100,00
Isenção quando se tratar de: (a) navio com menos de 5 (cinco) anos de construção; ou (b) navio mandado construir por empresa de navegação legalmente organizada e funcionando no Brasil; ou (c) embarcação montada ou desmontada que se destine à navegação de cabotagem	Gratuito
Visto em diário de bordo	R$ – Ouro 10,00
Isenção quando se tratar de embarcação brasileira procedente da Argentina e destinada aos portos nacionais do Rio Uruguai, ou de abertura de diário de bordo quando do registro provisório da embarcação	Gratuito
Ratificação de movimentação havida na lista de tripulantes, para cada tripulante embarcado ou desembarcado	R$ – Ouro 10,00
Averbação na lista de tripulantes de alterações de função havidas na tripulação	R$ – Ouro 10,00
Registro de contrato de afretamento no livro de escrituras e registros de títulos e documentos e expedição da respectiva certidão	R$ – Ouro 50,00
Registro de protesto marítimo no livro de escrituras e registros de títulos e documentos e expedição da respectiva certidão	R$ – Ouro 30,00
Interrogatório de testemunha e expedição do respectivo traslado, por testemunha	R$ – Ouro 30,00
Nomeação de perito e expedição do respectivo registro de nomeação, por perito nomeado	R$ – Ouro 20,00
Registro de vistoria da embarcação no livro de escrituras e registros de títulos e documentos e expedição da respectiva certidão	R$ – Ouro 30,00
Registro provisório de embarcação e expedição de certificado provisório de propriedade	R$ – Ouro 20,00
De até 200 (duzentas) toneladas	R$ – Ouro 30,00
De mais de 200 (duzentas) toneladas	R$ – Ouro 60,00
A bordo	R$ – Ouro 100,00

Grupo	Subgrupo	Número do Emolumento
600 – Atos referentes à navegação	630 – Assistência da autoridade consular a vistorias de mercadorias	630.2
600 – Atos referentes à navegação	630 – Assistência da autoridade consular a vistorias de mercadorias	630.3
600 – Atos referentes à navegação	630 – Assistência da autoridade consular a vistorias de mercadorias	630.4
600 – Atos referentes à navegação	640 – Mudanças de bandeira	640.1
600 – Atos referentes à navegação	640 – Mudanças de bandeira	640.2
600 – Atos referentes à navegação	640 – Mudanças de bandeira	640.3
600 – Atos referentes à navegação	640 – Mudanças de bandeira	640.4
700 – Isenções de emolumentos	710 – São isentos de emolumentos, inclusive aqueles relativos à consulta, os vistos em documento de viagem estrangeiro ou de organização de que o Brasil faça parte	—
700 – Isenções de emolumentos	710 – São isentos de emolumentos, inclusive aqueles relativos à consulta, os vistos em documento de viagem estrangeiro ou de organização de que o Brasil faça parte	710.1
700 – Isenções de emolumentos	710 – São isentos de emolumentos, inclusive aqueles relativos à consulta, os vistos em documento de viagem estrangeiro ou de organização de que o Brasil faça parte	710.13
700 – Isenções de emolumentos	710 – São isentos de emolumentos, inclusive aqueles relativos à consulta, os vistos em documento de viagem estrangeiro ou de organização de que o Brasil faça parte	710.2
700 – Isenções de emolumentos	710 – São isentos de emolumentos, inclusive aqueles relativos à consulta, os vistos em documento de viagem estrangeiro ou de organização de que o Brasil faça parte	710.3
700 – Isenções de emolumentos	710 – São isentos de emolumentos, inclusive aqueles relativos à consulta, os vistos em documento de viagem estrangeiro ou de organização de que o Brasil faça parte	710.4

Natureza do Emolumento	Valor
Em terra (quando permitida essa assistência pela lei local)	R$ – Ouro 60,00
Assistência da autoridade consular em venda ou leilão de mercadoria com avaria pertencente à carga de embarcação (sobre o preço de venda)	2.0%
Assistência da autoridade consular na arrecadação ou venda de objetos pertencentes a navio ou casco naufragado (sobre a avaliação ou venda)	3.0%
Nacional para estrangeira, inclusive o registro e a recepção em depósito dos papéis da embarcação, em caso de venda da embarcação: sobre o preço de venda	0.2%
De bandeira estrangeira para nacional em caso de compra de embarcação (título de inscrição)	0.2%
Mudança de bandeira nacional para estrangeira, inclusive o registro e a recepção em depósito dos papéis da embarcação, em caso de arrendamento: sobre o preço do arrendamento anual	0.2%
Pela mesma operação do item 630.3, mas de bandeira estrangeira para nacional: sobre o preço de arrendamento anual	0.2%
—	—
Diplomáticos	Gratuito
VICOR JO – Membros da família olímpica e paralímpica, atletas e voluntários credenciados para o Rio 2016	Gratuito
Oficiais	Gratuito
De cortesia	Gratuito
De visita ou temporário, se concedidos a titulares de passaporte diplomático ou de serviço	Gratuito

Grupo	Subgrupo	Número do Emolumento
700 – Isenções de emolumentos	710 – São isentos de emolumentos, inclusive aqueles relativos à consulta, os vistos em documento de viagem estrangeiro ou de organização de que o Brasil faça parte	710.5
700 – Isenções de emolumentos	720 – São isentas de emolumentos as legalizações de cartas de doação a entidades científicas, educacionais ou de assistência social que não tenham fins lucrativos ou quando a isenção for prevista em tratado	–
700 – Isenções de emolumentos	730 – São isentos de pagamento de emolumentos nos documentos em que forem parte	730.1
700 – Isenções de emolumentos	730 – São isentos de pagamento de emolumentos nos documentos em que forem parte	730.2
700 – Isenções de emolumentos	730 – São isentos de pagamento de emolumentos nos documentos em que forem parte	730.3
700 – Isenções de emolumentos	730 – São isentos de pagamento de emolumentos nos documentos em que forem parte	730.4
700 – Isenções de emolumentos	730 – São isentos de pagamento de emolumentos nos documentos em que forem parte	730.5
700 – Isenções de emolumentos	730 – São isentos de pagamento de emolumentos nos documentos em que forem parte	730.6
700 – Isenções de emolumentos	730 – São isentos de pagamento de emolumentos nos documentos em que forem parte	730.7
700 – Isenções de emolumentos	730 – São isentos de pagamento de emolumentos nos documentos em que forem parte	730.8
700 – Isenções de emolumentos	730 – São isentos de pagamento de emolumentos nos documentos em que forem parte	730.9
700 – Isenções de emolumentos	730.1 – São isentos de pagamento de emolumentos nos documentos em que forem parte: A União, os Estados, o Distrito Federal e os Municípios, ou quando determinado por mandado judicial	–
700 – Isenções de emolumentos	740 – É isento de pagamento de emolumentos o alistamento militar	–

Natureza do Emolumento	Valor
Regulados por tratado que conceda a gratuidade	Gratuito
—	Gratuito
A União, os Estados, o Distrito Federal e os Municípios, ou quando determinado por mandado judicial	Gratuito
Os governos dos Estados estrangeiros	Gratuito
As missões diplomáticas e repartições consulares estrangeiras	Gratuito
Os funcionários das missões diplomáticas e repartições consulares estrangeiras, nos documentos em que intervenham em caráter oficial	Gratuito
A Organização das Nações Unidas (ONU) e suas agências	Gratuito
A Organização dos Estados Americanos (OEA) e suas agências	Gratuito
Os representantes das Organizações e agências mencionadas nos itens 730.5 e 730.6, nos documentos em que intervenham em caráter oficial	Gratuito
O Fundo Monetário Internacional (FMI) e o Banco Internacional para Reconstrução e Desenvolvimento (Bird) e sua agência	Gratuito
O Instituto de Assuntos Interamericanos	Gratuito
—	Gratuito
—	Gratuito

Grupo	Subgrupo	Número do Emolumento
700 – Isenções de emolumentos	750 – É isento de pagamento o reconhecimento de firma em autorização de viagem para menor	—
700 – Isenções de emolumentos	760 – Atos notariais relativos ao processamento de documentação para solicitação do saque do FGTS no exterior	—
700 – Isenções de emolumentos	770 – Legalização feita gratuitamente, mediante consulta e autorização expressa da Sere	—
700 – Isenções de emolumentos	770 – Legalização feita gratuitamente, mediante consulta e autorização expressa da Sere	770
800 – Geração de CPF	800 – Geração de CPF	800
800 – Geração de CPF	800 – Geração de CPF	800.1
Vetado	—	—

Natureza do Emolumento	Valor
—	Gratuito
—	Gratuito
—	Gratuito
—	Gratuito
Geração de CPF	Gratuito
Correção de CPF	Gratuito
Vetado	Vetado

RAZÕES DOS VETOS

MENSAGEM Nº 163, DE 24 DE MAIO DE 2017

Senhor Presidente do Senado Federal,

Comunico a Vossa Excelência que, nos termos do § 1º do art. 66 da Constituição, decidi vetar parcialmente, por contrariedade ao interesse público e inconstitucionalidade, o Projeto de Lei nº 288, de 2013 (nº 2.516/15 na Câmara dos Deputados), que "Institui a Lei de Migração".

Ouvida, a Casa Civil da Presidência da República manifestou-se pelo veto aos dispositivos a seguir transcritos:

Inciso I do § 1º do art. 1º

"I – migrante: pessoa que se desloca de país ou região geográfica ao território de outro país ou região geográfica, incluindo o imigrante, o emigrante, o residente fronteiriço e o apátrida;"

Razões do veto

"O dispositivo estabelece conceito demasiadamente amplo de migrante, abrangendo inclusive o estrangeiro com residência em país fronteiriço, o que estende a todo e qualquer estrangeiro, qualquer que seja sua condição migratória, a igualdade com os nacionais, violando a Constituição em seu artigo 5º, que estabelece que aquela igualdade é limitada e tem como critério para sua efetividade a residência do estrangeiro no território nacional."

§ 10 do art. 14

"§ 10. Regulamento disporá sobre as demais hipóteses de concessão de visto temporário e sobre as especificidades de suas categorias, definindo condições, prazos e requisitos."

Razões do veto

"Não se afigura adequado e recomendável permitir-se que o relevante instituto do visto temporário possa ter novas hipóteses, além das definidas nesta lei, criadas por regulamento, com risco de discricionariedade indevida e com potencial de gerar insegurança jurídica."

Inciso II do § 1º do art. 30

"II – a pessoa esteja reabilitada, nos termos do art. 93 do Decreto-Lei nº 2.848, de 7 de dezembro de 1940 (Código Penal), em liberdade provisória ou em cumprimento de pena no Brasil;"

Razão do veto

"O dispositivo apresenta incongruência lógico-jurídica, na medida em que a pessoa em cumprimento de pena no Brasil sofreu condenação com sentença transitada em julgado."

Parágrafo único do art. 37 e inciso IV do art. 40

"Parágrafo único. A concessão de visto ou de autorização de residência para fins de reunião familiar poderá ser estendida, por meio de ato fundamentado, a outras hipóteses de parentesco, dependência afetiva e fatores de sociabilidade."

"IV – seja criança ou adolescente que esteja acompanhado de responsável legal residente no País, desde que manifeste a intenção de requerer autorização de residência com base em reunião familiar;"

Razão dos vetos

"Os dispositivos poderiam possibilitar a entrada de crianças sem visto, acompanhada de representantes por fatores de sociabilidade ou responsável legal residente e, com isso, facilitar ou permitir situações propícias ao sequestro internacional de menores."

Art. 44

"Art. 44. O titular de visto ou a pessoa de nacionalidade beneficiária de tratado ou comunicação diplomática que acarrete dispensa de visto poderá adentrar o território nacional, ressalvadas as hipóteses impeditivas previstas nesta Seção."

Razão do veto

"O dispositivo fragiliza o exercício constitucional do Poder de Polícia brasileiro pelas instituições de natureza migratória, ao esvaziar indevidamente a discricionariedade para exercício da soberania nacional."

Art. 74

"Art. 74. O brasileiro por opção ou o naturalizado que cumpriu com suas obrigações militares perante país de nacionalidade anterior fará jus ao Certificado de Dispensa de Incorporação."

Razão do veto

"O dispositivo, que guarda estreita relação com o regime jurídico dos militares, viola a Constituição em seu artigo 61, § 1º, inciso II, alínea 'f', que reserva à iniciativa privativa do Presidente da República a lei que disponha sobre o tema."

§ 4º do art. 113

"§ 4º São considerados grupos vulneráveis os solicitantes de refúgio, os requerentes de visto humanitário, as vítimas de tráfico de pessoas, as vítimas de trabalho escravo, os migrantes em cumprimento de pena ou que respondem criminalmente em liberdade e os menores desacompanhados."

Razão do veto

"O dispositivo apresenta impropriedade, ao arrolar indevidamente como integrante de grupo vulnerável, passível portanto de benefícios no âmbito da política migratória, os indivíduos que respondam criminalmente em liberdade."

Já o Ministério da Justiça e Segurança Pública, a Advocacia-Geral da União e o Gabinete de Segurança Institucional da Presidência da República opinaram pelo veto aos dispositivos abaixo:

§ 2º do art. 1º

"§ 2º São plenamente garantidos os direitos originários dos povos indígenas e das populações tradicionais, em especial o direito à livre circulação em terras tradicionalmente ocupadas."

Razões do veto

"O dispositivo afronta os artigos 1º, I; 20, § 2º; e 231 da Constituição da República, que impõem a defesa do território nacional como elemento de soberania, pela via da atuação das instituições brasileiras nos pontos de fronteira, no controle da entrada e saída de índios e não índios e a competência da União de demarcar as terras tradicionalmente ocupadas, proteger e fazer respeitar os bens dos índios brasileiros."

Art. 116

"Art. 116. Revogam-se as expulsões decretadas antes de 5 de outubro de 1988.

Parágrafo único. O órgão competente do Poder Executivo disporá sobre os critérios para revogação e escalonamento da vigência das medidas expulsórias decretadas após 5 de outubro de 1988."

Razões do veto

"Os atos materiais de expulsão e, consequentemente, de sua revogação, consubstanciam efetivo exercício de soberania nacional, competência material privativa do Presidente da República, a teor dos incisos VII e VIII do artigo 84 da Constituição. Ademais, no mérito, o dispositivo poderia representar um passivo indenizatório à União, com efeitos negativos nas contas públicas e insegurança jurídica às decisões de instituições brasileiras a expulsões."

A Advocacia-Geral da União juntamente com a Casa Civil da Presidência da República, opinaram, ainda, pelo veto ao seguinte dispositivo:

Alínea *e* do inciso II do art. 55

"e) houver, ao tempo do cometimento do crime, vivido no Brasil por mais de 4 (quatro) anos."

Razões do veto

"Além de esvaziar a discricionariedade do Estado para gestão de sua política migratória, o dispositivo inviabilizaria promover a expulsão e retirada do território nacional de pessoas condenadas por crimes graves, tão somente pelo fato de terem vivido mais de 4 anos no país ao tempo do cometimento do delito."

O Gabinete de Segurança Institucional da Presidência da República e a Casa Civil da Presidência da República, solicitaram veto aos dispositivos a seguir transcritos:

Incisos I e IV do art. 66

"I – ser originário de país de língua portuguesa;"

"IV – ser natural de Estado-Parte ou de Estado associado ao Mercado Comum do Sul (Mercosul);"

Razão dos vetos

"Ao não exigir o critério de reciprocidade no processo simplificado de naturalização, instituto cuja consequência é o direito político, de votar e ser votado, o dispositivo teria o condão de ampliar o exercício da cidadania brasileira, podendo fragilizar o processo eleitoral nacional e introduzir elementos com efeitos imprevisíveis sobre a democracia do País."

A Advocacia-Geral da União, o Gabinete de Segurança Institucional da Presidência da República e a Casa Civil da Presidência da República acrescentaram veto aos dispositivos abaixo:

§§ 2º e 3º do art. 4º e alínea *d* do inciso II do art. 30

"§ 2º Ao imigrante é permitido exercer cargo, emprego e função pública, conforme definido em edital, excetuados aqueles reservados para brasileiro nato, nos termos da Constituição Federal.

§ 3º Não se exigirá do migrante prova documental impossível ou descabida que dificulte ou impeça o exercício de seus direitos, inclusive o acesso a cargo, emprego ou função pública."

"d) tenha sido aprovada em concurso público para exercício de cargo ou emprego público no Brasil;"

Razões do veto

"Os dispositivos possibilitariam o exercício do cargo, emprego ou função pública por estrangeiro não residente, em afronta à Constituição e ao interesse nacional. Além disso, trata em diploma relativo ao tema migratório de matéria reservada à regulação de provimento de cargo público, cuja iniciativa é privativa do Presidente da República, a teor do artigo 61, § 1º, II, 'c', da Constituição. Ademais, reserva a edital de concurso a definição, concessão ou restrição de direitos, o que configura-se inadequado à sua função de apenas direcionar a fiel execução da lei para acesso a carreiras públicas."

Ouvido, O Ministério da Fazenda manifestou-se pelo veto ao seguinte dispositivo:

§ 4º do art. 4º

"§ 4º Aplicam-se ao visitante os direitos previstos no *caput* e nos incisos I, II, IV, V, VI, VIII, IX, X, XI, XII, XIII, XIV e XV deste artigo."

Razões do veto

"O dispositivo estende a todo visitante, dentre outros direitos, o de acesso a serviços públicos de saúde e de assistência social e à previdência social, como descrito no inciso VIII do artigo, o que representaria pressões fiscais adicionais à União e aos demais entes nacionais, prejudicando a adequação das despesas públicas ao limite de gastos constitucionalmente previsto, recomendando, assim, seu veto."

Já o Ministério da Justiça e Segurança Pública opinou pelo veto aos dispositivos a seguir transcritos:

Parágrafo único do art. 6º

"Parágrafo único. O visto poderá ser aposto a qualquer documento de viagem emitido nos padrões estabelecidos pela Organização da Aviação Civil Internacional (Oaci) ou pelo Comitê Internacional da Cruz Vermelha, não implicando sua aposição o reconhecimento de Estado, Governo ou Regime."

Razões do veto

"O dispositivo menciona documento de viagem, emitido pelo Comitê Internacional da Cruz Vermelha, sobre o qual carece-se de informações acerca de seu padrão, recomendando-se, assim, seu veto. Não obstante, não haverá prejuízos quanto aos documentos emitidos nos padrões estabelecidos pela Organização da Aviação Civil Internacional, os quais já são objeto de convenção própria, observada pelo País."

§ 5º do art. 49

"§ 5º Comprovado o dolo ou a culpa da empresa transportadora, serão de sua responsabilidade as despesas com a repatriação e os custos decorrentes da estada da pessoa sobre quem recaia medida de repatriação."

Razões do veto

"O dispositivo é contrário ao interesse público, na medida em que a Convenção sobre Aviação Civil Internacional assegura que as empresas recebam valores por intermédio de seguros obrigatórios para cobrir as despesas com repatriação, e seus custos decorrentes, de maneira objetiva, sem necessidade de comprovação de dolo ou culpa. Entendimento diverso representaria ônus indevido ao Estado Brasileiro, além de poder representar uma procrastinação da estada do imigrante ou visitante impedido de entrar no País."

Última linha do anexo, "Autorização de Trabalho"

"

Autorização de Trabalho	—	—	Taxa – Procedimento de autorização de trabalho	R$ 100,00

"

Razão do veto

"Não há, no projeto sob sanção, previsão de necessidade de autorização para que o migrante possa trabalhar. Há apenas o visto temporário para fins de trabalho, que já conta com referência específica na tabela do Anexo. Portanto, não merece prosperar a previsão sem relação com a norma, o que contraria a exigência de clareza, precisão e ordem lógica das disposições normativas, além de configurar-se inconstitucional a falta de elementos que definam de modo suficiente a prestação estatal objeto de remuneração pela exação."

O Ministério da Justiça e Segurança Pública juntamente com a Advocacia-Geral da União opinaram pelo veto ao dispositivo a seguir transcrito:

§ 3º do art. 105

"§ 3º Compete ao Superior Tribunal de Justiça a homologação da sentença dos casos previstos nesta Seção."

Razão do veto

"Não há que se falar em sentença estrangeira a ser homologada, posto tratar-se de transferência, feita voluntariamente pelo condenado e em seu próprio benefício, e cujos tratados e convenções a respeito visam simplificar, e não burocratizar, a transferência internacional de presos."

Ouvidos, ainda, o Gabinete de Segurança Institucional da Presidência da República e a Casa Civil da Presidência da República manifestaram-se pelo veto ao seguinte dispositivo:

Art. 118

"Art. 118. Será concedida autorização de residência aos imigrantes que, tendo ingressado no território nacional até 6 de julho de 2016, assim o requeiram no prazo de 1 (um) ano após a entrada em vigor desta Lei, independentemente de sua situação migratória prévia.

§ 1º Os imigrantes que requererem autorização de residência nos termos do *caput* estarão isentos do pagamento de quaisquer multas, taxas e emolumentos consulares.

§ 2º O Poder Executivo editará plano de regularização migratória, com metas e indicadores para o efetivo cumprimento dos benefícios concedidos na forma do *caput* deste artigo.

§ 3º O imigrante com processo de regularização migratória em tramitação poderá optar por ser beneficiado por esta Lei.

§ 4º A autorização de residência prevista neste artigo não implica anistia penal e não impede o processamento de medidas de expulsão e cooperação jurídica relativas a atos cometidos pelo solicitante a qualquer tempo.

§ 5º Não poderão receber a autorização de residência prevista neste artigo as pessoas cuja estada no território nacional tenha como fundamento visto oficial ou diplomático.

§ 6º A autorização de residência será cancelada se, a qualquer tempo, verificar-se a falsidade das informações prestadas pelo imigrante.

§ 7º O processo de perda ou de cancelamento de autorização de residência observará as garantias de ampla defesa e contraditório, podendo ser iniciado de ofício por autoridade competente do Poder Executivo federal ou mediante representação fundamentada, assegurado o prazo para recurso de 60 (sessenta) dias contado da notificação da decisão.

§ 8º O procedimento referente ao requerimento de autorização de residência referido no *caput* será realizado em etapa única, na qual serão apresentados o requerimento e a documentação complementar e realizadas a coleta de identificação biométrica e a efetivação do registro."

Razões do veto

"O artigo concede anistia indiscriminada a todos os imigrantes, independentemente de sua situação migratória ou de sua condição pessoal, esvaziando a discricionariedade do Estado para o acolhimento dos estrangeiros. Além disso, não há como se precisar a data efetiva de entrada de imigrantes no território nacional, permitindo que um imigrante que entre durante a *vacatio legis* possa requerer regularização com base no dispositivo."

Essas, Senhor Presidente, as razões que me levaram a vetar os dispositivos acima mencionados do projeto em causa, as quais ora submeto à elevada apreciação dos Senhores Membros do Congresso Nacional.

LEGISLAÇÃO COMPLEMENTAR

LEGISLAÇÃO COMPLEMENTAR

DECRETO Nº 50.215, DE 28 DE JANEIRO DE 1961*

Promulga a Convenção relativa ao Estatuto dos Refugiados, concluída em Genebra, em 28 de julho de 1951.

(*) Com redação dada pelo Decreto nº 98.602, de 19 de dezembro de 1989.

O PRESIDENTE DA REPÚBLICA

Havendo o Congresso Nacional aprovado, pelo Decreto Legislativo nº 11, de 7 de julho de 1960, com exclusão dos seus artigos 15 e 17, a Convenção relativa ao Estatuto dos Refugiados, concluída em Genebra a 28 de julho de 1951, e assinada pelo Brasil a 15 de julho de 1952; e tendo sido depositado a 15 de novembro de 1960, junto ao Secretário-Geral das Nações Unidas, o Instrumento Brasileiro de Ratificação da referida Convenção, com exclusão dos artigos citados,

Decreta que a mencionada Convenção, apensa por cópia ao presente Decreto, seja, com exclusão dos seus artigos 15 e 17, executada e cumprida tão inteiramente como nela se contém, e que, para os efeitos da mesma, com relação ao Brasil, se aplique o disposto na Seção B.1 (*b*), do artigo 1º.

Brasília, em 28 de janeiro de 1961; 140º da Independência e 73º da República.

Juscelino Kubitschek, Horácio Lafer

DOU de 30.1.1961, retificado em 11.2.1961

CONVENÇÃO RELATIVA AO ESTATUTO DOS REFUGIADOS*

Adotada em 28 de julho de 1951 pela Conferência das Nações Unidas de Plenipotenciários sobre o Estatuto dos Refugiados e Apátridas, convocada pela Resolução 429 (V) da Assembleia Geral das Nações Unidas, de 14 de dezembro de 1950.

As Altas Partes Contratantes,

Considerando que a Carta das Nações Unidas e a Declaração Universal dos Direitos Humanos, aprovada em 10 de dezembro de 1948 pela Assembleia Geral, afirmaram o princípio de que os seres humanos, sem distinção, devem gozar dos direitos do homem e das liberdades fundamentais,

Considerando que a Organização das Nações Unidas tem repetidamente manifestado sua profunda preocupação pelos refugiados e que tem se esforçado por assegurar-lhes o exercício mais amplo possível dos direitos do homem e das liberdades fundamentais,

Considerando que é desejável rever e codificar os acordos internacionais anteriores relativos ao estatuto dos refugiados e estender a aplicação desses instrumentos e a proteção que eles oferecem por meio de um novo acordo,

Considerando que da concessão do direito de asilo podem resultar encargos indevidamente pesados para certos países e que a solução satisfatória para os problemas cujo alcance e natureza internacionais a Organização das Nações Unidas reconheceu, não pode, portanto, serobtida sem cooperação internacional,

Exprimindo o desejo de que todos os Estados, reconhecendo o caráter social e humanitário do problema dos refugiados, façam tudo o que esteja ao seu alcance para evitar que esse problema se torne causa de tensão entre os Estados,

Notando que o Alto Comissariado das Nações Unidas para os Refugiados tem a incumbência de zelar para a aplicação das convenções internacionais que assegurem a proteção dos refugiados, e reconhecendo que a coordenação efetiva das medidas tomadas para resolver este problema dependerá da cooperação dos Estados com o Alto Comissário,

Convieram nas seguintes disposições:

(*) Aprovada pelo Decreto Legislativo nº 11, de 1960.

Capítulo I
DISPOSIÇÕES GERAIS

Artigo 1º
Definição do termo "refugiado"

A. Para fins da presente Convenção, o termo "refugiado" se aplicará a qualquer pessoa:

1) Que foi considerada refugiada nos termos dos Ajustes de 12 de maio de 1926 e de 30 de junho de 1928, ou das Convenções de 28 de outubro de 1933 e de 10 de fevereiro de 1938 e do Protocolo de 14 de setembro de 1939, ou ainda da Constituição da Organização Internacional dos Refugiados;

As decisões de inabilitação tomadas pela Organização Internacional dos Refugiados durante o período do seu mandato não constituem obstáculo a que a qualidade de refugiado seja reconhecida a pessoas que preencham as condições previstas no parágrafo 2º da presente seção;

2) Que, em consequência dos acontecimentos ocorridos antes de 1º de janeiro de 1951 e temendo ser perseguida por motivos de raça, religião, nacionalidade, grupo social ou opiniões políticas, encontra-se fora do país de sua nacionalidade e que não pode ou, em virtude desse temor, não quer valer-se da proteção desse país, ou que, se não tem nacionalidade encontra-se fora do país no qual tinha sua residência habitual em consequência de tais acontecimentos, não pode ou, devido ao referido temor, não quer voltar a ele.

No caso de uma pessoa que tem mais de uma nacionalidade, a expressão "do país de sua nacionalidade" se refere a cada um dos países dos quais ela é nacional. Uma pessoa que, sem razão válida fundada sobre um temor justificado, não se houver valido da proteção de um dos países de que é nacional, não será considerada privada da proteção do país de sua nacionalidade.

B. 1) Para os fins da presente Convenção, as palavras "acontecimentos ocorridos antes de 1º de janeiro de 1951", do art. 1º, seção A, poderão ser compreendidos no sentido de

a) "acontecimentos ocorridos antes de 1º de janeiro de 1951 na Europa"; ou

b) "acontecimentos ocorridos antes de 1º de janeiro de 1951 na Europa ou alhures";

e cada Estado Contratante fará, no momento da assinatura, da ratificação ou da adesão, uma declaração precisando o alcance que pretende dar a essa expressão do ponto de vista das obrigações assumidas por ele em virtude da presente Convenção.

2) Qualquer Estado Contratante que adotou a fórmula a) poderá em qualquer momento estender as suas obrigações adotando a fórmula b) por meio de uma notificação dirigida ao Secretário-Geral das Nações Unidas.

C. Esta Convenção cessará, nos casos infra, de ser aplicável a qualquer pessoa compreendida nos termos da seção A, retro:

1) se ela voltou a valer-se da proteção do país de que é nacional; ou

2) se havendo perdido a nacionalidade, ela a recuperou voluntariamente; ou

3) se adquiriu nova nacionalidade e goza da proteção do país cuja nacionalidade adquiriu; ou

4) se voltou a estabelecer-se, voluntariamente, no país que abandonou ou fora do qual permaneceu com medo de ser perseguido; ou

5) se por terem deixado de existir as circunstâncias em consequência das quais foi reconhecida como refugiada, ela não pode mais continuar recusando a proteção do país de que é nacional;

Contanto, porém, que as disposições do presente parágrafo não se apliquem a um refugiado incluído nos termos do parágrafo 1 da seção A do presente artigo, que pode invocar, para recusar a proteção do país de que é nacional, razões imperiosas resultantes de perseguições anteriores;

6) tratando-se de pessoa que não tem nacionalidade, se por terem deixado de existir as circunstâncias em consequência das quais foi reconhecida como refugiada, ela está emcondições de voltar ao país no qual tinha sua residência habitual;

Contanto, porém, que as disposições do presente parágrafo não se apliquem a um refugiado incluído nos termos do parágrafo 1 da seção A do presente artigo, que pode invocar, para recusar voltar ao país no qual tinha sua residência habitual, razões imperiosas resultantes de perseguições anteriores.

D. Esta Convenção não será aplicável às pessoas que atualmente se beneficiam de uma proteção ou assistência de parte de um organismo ou de uma instituição das Nações Unidas, que não o Alto Comissariado das Nações Unidas para os Refugiados.

Quando esta proteção ou assistência houver cessado, por qualquer razão, sem que a sorte dessas pessoas tenha sido definitivamente resolvida de acordo com as resoluções a ela relativas, adotadas pela Assembleia Geral das Nações Unidas, essas pessoas se beneficiarão de pleno direito do regime desta Convenção.

E. Esta Convenção não será aplicável a uma pessoa considerada pelas autoridadescompetentes do país no qual ela instalou sua residência como tendo os direitos e as obrigações relacionadas com a posse da nacionalidade desse país.

F. As disposições desta Convenção não serão aplicáveis às pessoas a respeito das quaishouver razões sérias para se pensar que:

a) cometeram um crime contra a paz, um crime de guerra ou um crime contra a humanidade, no sentido dado pelos instrumentos internacionais elaborados para prever tais crimes;

b) cometeram um crime grave de direito comum fora do país de refúgio antes de serem nele admitidas como refugiados;

c) tornaram-se culpadas de atos contrários aos fins e princípios das Nações Unidas.

Artigo 2º
Obrigações gerais

Todo refugiado tem deveres para com o país em que se encontra, os quais compreendem notadamente a obrigação de respeitar as leis e regulamentos, assim como as medidas que visam a manutenção da ordem pública.

Artigo 3º
Não discriminação

Os Estados Contratantes aplicarão as disposições desta Convenção aos refugiados sem discriminação quanto à raça, à religião ou ao país de origem.

Artigo 4º
Religião

Os Estados Contratantes proporcionarão aos refugiados, em seu território, um tratamento pelo menos tão favorável como o que é proporcionado aos nacionais no que concerne à liberdade de praticar sua religião e no que concerne à liberdade de instrução religiosa dos seus filhos.

Artigo 5º

Direitos conferidos independentemente desta Convenção nenhuma disposição desta Convenção prejudicará os outros direitos e vantagens concedidosaos outros refugiados, independentemente desta Convenção.

Artigo 6º
A expressão
"nas mesmas circunstâncias"

Para os fins desta Convenção, a expressão "nas mesmas circunstâncias" significa que todas as condições – em especial as que se referem à duração e às condições de permanência ou de residência – que o interessado teria de preencher para poder exercer o direito em causa, se ele não fosse refugiado, devem ser preenchidas por ele, com exceção das condições que, em razão da sua natureza, não podem ser preenchidas por um refugiado.

Artigo 7º
Dispensa de reciprocidade

1. Ressalvadas as disposições mais favoráveis previstas por esta Convenção, um Estado Contratante concederá aos refugiados o regime que concede aos estrangeiros em geral.

2. Após um prazo de residência de três anos, todos os refugiados se beneficiarão, no território dos Estados Contratantes, da dispensa de reciprocidade legislativa.

3. Cada Estado Contratante continuará a conceder aos refugiados os direitos e vantagens de que já gozavam, na ausência de reciprocidade, na data da entrada em vigor desta Convenção para o referido Estado.

4. Os Estados Contratantes considerarão com benevolência a possibilidade de conceder aos refugiados, na ausência de reciprocidade, direitos e vantagens outros além dos que eles gozam em virtude dos parágrafos 2 e 3, assim como a possibilidade de conceder o benefício da dispensa de reciprocidade a refugiados que não preencham as condições previstas nos parágrafos 2 e 3.

5. As disposições dos parágrafos 2 e 3, supra, aplicam-se assim às vantagens mencionadas nos artigos 13, 18, 19, 21 e 22 desta Convenção, como aos direitos e vantagens que não são previstos pela mesma.

Artigo 8º
Dispensa de medidas
excepcionais

No que concerne às medidas excepcionais que podem ser tomadas contra a pessoa, bens ou interesses dos nacionais de um Estado, os Estados Contratantes não aplicarão tais medidas a um refugiado que seja formalmente nacional do referido Estado unicamente em razão da sua nacionalidade. Os Estados Contratantes que, pela sua legislação, não podem aplicar o dispositivo geral consagrado neste artigo concederão, nos casos apropriados, dispensas em favor de tais refugiados.

Artigo 9º
Medidas provisórias

Nenhuma das disposições da presente Convenção tem por efeito impedir um Estado Contratante, em tempo de guerra ou em outras circunstâncias graves e excepcionais, de tomar provisoriamente, a propósito de uma determindada pessoa, as medidas que este Estado julgar indispensáveis à segurança nacional, até que o referido Estado determine que essa pessoa é efetivamente um refugiado e que a continuação de tais medidas é necessária a seu propósito no interesse da segurança nacional.

Artigo 10
Continuidade de residência

1. No caso de um refugiado que foi deportado no curso da Segunda Guerra Mundial, transportado para o território de um dos Estados Contratantes e aí resida, a duração dessapermanência forçada será considerada residência regular nesse território.

2. No caso de um refugiado que foi deportado do território de um Estado Contratante no curso da Segunda Guerra Mundial e para ele voltou antes da entrada em vigor desta Convenção para aí estabelecer sua residência, o período que precedeu e o que se seguiu a essa deportação serão considerados, para todos os fins para os quais é necessária uma residência ininterrupta, como constituindo apenas um período ininterrupto.

Artigo 11
Marínheiros refugiados

No caso de refugiados regularmente empregados como membros da tripulação a bordo de um navio que hasteie pavilhão de um Estado Contratante, este Estado examinará com benevolência a possibilidade de autorizar os referidos refugiados a se estabelecerem no seu território e entregar-lhes documentos de viagem ou de os admitir a título temporário no seu território, a fim, notadamente, de facilitar sua fixação em outro país.

Capítulo II
SITUAÇÃO JURÍDICA

Artigo 12
Estatuto pessoal

1. O estatuto pessoal de um refugiado será regido pela lei do país de seu domicílio, ou, na falta de domicílio, pela lei do país de sua residência.

2. Os direitos adquiridos anteriormente pelo refugiado e decorrentes do estatuto pessoal, e principalmente os que resultam do casamento, serão respeitados por um Estado Contratante, ressalvado, sendo o caso, o cumprimento das formalidades previstas pela legislação do referido Estado, entendendo-se, todavia, que o direito em causa deve ser dos que seriam reconhecidos pela legislação do referido Estado se o interessado não houvesse se tornado refugiado.

Artigo 13
Propriedade móvel e imóvel

Os Estados Contratantes concederão a um refugiado um tratamento tão favorável quanto possível, e de qualquer maneira um tratamento que não seja menos favorável do que o que é concedido, nas mesmas circunstâncias, aos estrangeiros em geral, no que concerne à aquisição de propriedade móvel ou imóvel e a outros direitos a ela referentes, ao aluguel e aos outros contratos relativos a propriedade móvel ou imóvel.

Artigo 14
Propriedade intelectual e industrial

Em matéria de proteção da propriedade industrial, especialmente de invenções, desenhos, modelos, marcas de fábrica, nome comercial, e em matéria de proteção da propriedade literária, artística e científica, um refugiado se beneficiará, no país em que tem sua residência habitual, da proteção que é conferida aos nacionais do referido país. No território de qualquer um dos outros Estados Contratantes, ele se beneficiará da proteção dada no referido território aos nacionais do país no qual tem sua residência habitual.

Artigo 15
Direitos de associação

Os Estados Contratantes concederão aos refugiados que residem regularmente em seu território, no que concerne às associações sem fins políticos nem lucrativos e aos sindicatos profissionais, o tratamento mais favorável concedido aos nacionais de um país estrangeiro, nas mesmas circunstâncias.

Artigo 16
Direito de propugnar em juízo

1. Qualquer refugiado terá, no território dos Estados Contratantes, livre e fácil acesso aos tribunais.

2. No Estado Contratante em que tem sua residência habitual, qualquer refugiado gozará do mesmo tratamento que um nacional, no que concerne ao acesso aos tribunais, inclusive a assistência judiciária e a isenção de *cautio judicatum solvi.*

3. Nos Estados Contratantes outros que não aquele em que tem sua residência habitual, e no que concerne às questões mencionadas no parágrafo 2, qualquer refugiado gozará do mesmo tratamento que um nacional do país no qual tem sua residência habitual.

Capítulo III
EMPREGOS REMUNERADOS

Artigo 17
Profissões assalariadas

1. Os Estados Contratantes darão a todo refugiado que resida regularmente no seu território o tratamento mais favorável dado, nas mesmas circunstâncias, aos nacionais de um país estrangeiro no que concerne ao exercício de uma atividade profissional assalariada.

2. Em qualquer caso, as medidas restritivas impostas aos estrangeiros ou ao emprego de estrangeiros para a proteção do mercado nacional do trabalho não serão aplicáveis aos refugiados que já estavam dispensados na data da entrada em vigor desta Convenção pelo Estado Contratante interessado, ou que preencham uma das seguintes condições:

a) contar três anos de residência no país;

b) ter por cônjuge uma pessoa que possua a nacionalidade do país de residência. Um refugiado não poderá invocar o benefício desta disposição no caso de haver abandonado o cônjuge;

c) ter um ou vários filhos que possuam a nacionalidade do país de residência.

3. Os Estados Contratantes considerarão com benevolência a adoção de medidas tendentes a assimilar os direitos de todos os refugiados no que concerne ao exercício das profissões assalariadas aos dos seus nacionais, e em particular para os refugiados que entraram no seu território em virtude de um programa de recrutamento de mão-de-obra ou de um plano de imigração.

Artigo 18
Profissões não assalariadas

Os Estados Contratantes darão aos refugiados que se encontrem regularmente no seu território tratamento tão favorável quanto possível e, em todo caso, tratamento não menos favorável do que aquele que é dado, nas mesmas circunstâncias, aos estrangeiros em geral, no que concerne ao exercício de uma profissão não assalariada na agricultura, na indústria, no artesanato e no comércio, bem como à instalação de firmas comerciais e industriais.

Artigo 19
Profissões liberais

1. Cada Estado Contratante dará aos refugiados que residam regularmente no seu território e sejam titulares de diplomas reconhecidos pelas autoridades competentes do referido Estado e que desejam exercer uma profissão liberal, tratamento tão favorável quanto possível, e, em todo caso, tratamento não menos favorável do que aquele que é dado, nas mesmas circunstâncias, aos estrangeiros em geral.

2. Os Estados Contratantes farão tudo o que estiver ao seu alcance, conforme as suas leis e constituições, para assegurar a instalação de tais refugiados em territórios outros que não o território metropolitano, de cujas relações internacionais sejam responsáveis.

Capítulo IV
BEM-ESTAR

Artigo 20
Racionamento

No caso de existir um sistema de racionamento ao qual esteja submetido o conjunto da população, que regule a repartição geral dos produtos de que há escassez, os refugiados serão tratados como os nacionais.

Artigo 21
Alojamento

No que concerne ao alojamento, os Estados Contratantes darão, na medida em que esta questão seja regulada por leis ou regulamentos ou seja submetida ao controle das autoridades públicas, aos refugiados que residam regularmente no seu território, tratamento tão favorável quanto possível e, em todo caso, tratamento não menos favorável do que aquele que é dado, nas mesmas circunstâncias, aos estrangeiros em geral.

Artigo 22
Educação pública

1. Os Estados Contratantes darão aos refugiados o mesmo tratamento que é dado aos nacionais no que concerne ao ensino primário.

2. Os Estados Contratantes darão aos refugiados um tratamento tão favorável quanto possível, e em todo caso não menos favorável do que aquele que é dado aos estrangeiros em geral, nas mesmas circunstâncias, no que concerne aos graus de ensino superiores ao primário, em particular no que diz respeito ao acesso aos estudos, ao reconhecimento de certificados de estudos, de diplomas e títulos universitários estrangeiros, à isenção de emolumentos alfandegários e taxas e à concessão de bolsas de estudos.

Artigo 23
Assistência pública

Os Estados Contratantes darão aos refugiados que residam regularmente no seu território o mesmo tratamento em matéria de assistência e de socorros públicos que é dado aos seus nacionais.

Artigo 24
Legislação do trabalho e previdência social

1. Os Estados Contratantes darão aos refugiados que residam regularmente no seu território o mesmo tratamento dado aos nacionais quanto aos seguintes pontos:

a) Na medida em que estas questões são regulamentadas pela legislação ou dependem das autoridades administrativas: remuneração, inclusive abonos familiares quando os mesmos integrarem a remuneração; duração do trabalho; horas suplementares; férias pagas; restrições ao trabalho doméstico; idade mínima para o emprego; aprendizado e formação profissional; trabalho das mulheres e dos adolescentes, e gozo das vantagens proporcionadas pelas convenções coletivas.

b) Previdência social (as disposições legais relativas aos acidentes do trabalho, às moléstias profissionais, à maternidade, à doença, à invalidez, à velhice, à morte, ao desemprego, aos encargos de família, bem como a qualquer outro risco que, conforme a legislação nacional, esteja previsto no sistema de previdência social), observadas as seguintes limitações:

I) existência de medidas apropriadas visando a manutenção dos direitos adquiridos e dos direitos em curso de aquisição;

II) disposições particulares prescritas pela legislação nacional do país de residência concernentes a benefícios ou a frações de benefícios pagáveis exclusivamente por fundos públicos, bem como a pensões pagas a pessoas que não preenchem as condições de contribuição exigidas para a concessão de uma pensão normal.

2. Os direitos a um benefício decorrentes da morte de um refugiado em virtude de acidente de trabalho ou de doença profissional não serão afetados pelo fato do beneficiário residir fora do território do Estado Contratante.

3. Os Estados Contratantes estenderão aos refugiados o benefício dos acordos que concluíram ou vierem a concluir entre si, relativamente à manutenção dos direitos adquiridos ou em curso deaquisição em matéria de previdência social, contanto que os refugiados preencham as condições previstas para os nacionais dos países signatários dos acordos em questão.

4. Os Estados Contratantes examinarão com benevolência a possibilidade de estender, na medida do possível, aos refugiados, o benefício de acordos semelhantes que estão ou estarão em vigor entre esses Estados Contratantes e Estados não contratantes.

Capítulo V
MEDIDAS ADMINISTRATIVAS

Artigo 25
Assistência administrativa

1. Quando o exercício de um direito por parte de um refugiado normalmente exigir a assistência de autoridades estrangeiras às quais ele não pode recorrer, os Estados Contratantes em cujo território reside providenciarão para que essa assistência lhe seja dada, quer pelas suas próprias autoridades, quer por uma autoridade internacional.

2. A ou as autoridades mencionadas no parágrafo 1 entregarão ou farão entregar, sob seu controle, aos refugiados, os documentos ou certificados que normalmente seriam entregues a um estrangeiro pelas suas autoridades nacionais ou por seu intermédio.

3. Os documentos ou certificados assim entregues substituirão os documentos oficiais entregues a estrangeiros pelas suas autoridades nacionais ou por seu intermédio, e terão fé pública até prova em contrário.

4. Ressalvadas as exceções que possam ser admitidas em favor dos indigentes, os serviços mencionados no presente artigo poderão ser cobrados; mas estas cobranças serão moderadas e de acordo com o valor que se cobrar dos nacionais por serviços análogos.

5. As disposições deste artigo em nada afetarão os artigos 27 e 28.

Artigo 26
Liberdade de movimento

Cada Estado Contratante dará aos refugiados que se encontrem no seu território o direito de nele escolher o local de sua residência e de nele circular livremente, com as reservas instituídas pela regulamentação aplicável aos estrangeiros em geral nas mesmas circunstâncias.

Artigo 27
Papéis de identidade

Os Estados Contratantes entregarão documentos de identidade a qualquer refugiado que se encontre no seu território e que não possua documento de viagem válido.

Artigo 28
Documentos de viagem

1. Os Estados Contratantes entregarão aos refugiados que residam regularmente no seu território documentos de viagem destinados a permitir-lhes viajar fora desse território, a menos que a isto se oponham razões imperiosas de segurança nacional ou de ordem pública; as disposições do Anexo a esta Convenção se aplicarão a esses documentos. Os Estados Contratantes poderão entregar tal documento de viagem a qualquer outro refugiado que se encontre no seu território; darão atenção especial aos casos de refugiados que se encontrem no seu território e que não estejam em condições de obter um documento de viagem do país onde residem regularmente.

2. Os documentos de viagem entregues nos termos de acordos internacionais anteriores serão reconhecidos pelos Estados Contratantes e tratados como se houvessem sido entregues aos refugiados em virtude do presente artigo.

Artigo 29
Despesas fiscais

1. Os Estados Contratantes não submeterão os refugiados a emolumentos alfandegários, taxas e impostos de qualquer espécie, além ou mais elevados do que aqueles que são ou serão cobrados dos seus nacionais em situações análogas.

2. As disposições do parágrafo anterior não impedem a aplicação aos refugiados das disposições de leis e regulamentos concernentes às taxas relativas à expedição de documentos administrativos para os estrangeiros, inclusive papéis de identidade.

Artigo 30
Transferência de bens

1. Cada Estado Contratante permitirá aos refugiados, conforme as leis e regulamentos do seu país, transferir os bens que trouxeram para o seu território para o território de um outro país, no qual foram admitidos, a fim de nele se reinstalarem.

2. Cada Estado Contratante considerará com benevolência os pedidos apresentados pelos refugiados que desejarem obter autorização para transferir todos os outros bens necessários a sua reinstalação em um outro país, onde foram admitidos, a fim de nele se reinstalarem.

Artigo 31
Refugiados em situação irregular no país de refúgio

1. Os Estados Contratantes não aplicarão sanções penais aos refugiados que, chegando diretamente de território no qual sua vida ou sua liberdade estava ameaçada, no sentido previsto pelo art. 1º, encontrem-se no seu território sem autorização, contanto que apresentem-se sem demora às autoridades e exponham-lhes razões aceitáveis para a sua entrada ou presença irregulares.

2. Os Estados Contratantes não aplicarão aos deslocamentos de tais refugiados outras restrições que não as necessárias; essas restrições serão aplicadas somente enquanto o estatuto desses refugiados no país de refúgio não houver sido regularizado ou eles não houverem obtido admissão em outro país. À vista desta última admissão, os Estados Contratantes concederão a esses refugiados um prazo razoável, assim como todas as facilidades necessárias.

Artigo 32
Expulsão

1. Os Estados Contratantes não expulsarão um refugiado que esteja regularmente no seu território, senão por motivos de segurança nacional ou de ordem pública.

2. A expulsão desse refugiado somente ocorrerá em consequência de decisão judicial proferida em processo legal. A não ser que a isso se oponham razões imperiosas de segurança nacional, o refugiado deverá ter permissão de apresentar provas em seu favor, de interpor recurso e de se pfazer representar para esse fim perante uma autoridade competente ou perante uma ou várias pessoas especialmente designadas pela autoridade competente.

3. Os Estados Contratantes concederão a tal refugiado um prazo razoável para ele obter admissão legal em um outro país. Os Estados Contratantes podem aplicar, durante esse prazo, a medida de ordem interna que julgarem oportuna.

Artigo 33
Proibição de expulsão ou de rechaço

1. Nenhum dos Estados Contratantes expulsará ou rechaçará, de forma alguma, um refugiado para as fronteiras dos territórios em que sua vida ou liberdade seja ameaçada em decorrência da sua raça, religião, nacionalidade, grupo social a que pertença ou opiniões políticas.

2. O benefício da presente disposição não poderá, todavia, ser invocado por um refugiado que por motivos sérios seja considerado um perigo à segurança do país no qual ele se encontre ou que, tendo sido condenado definitivamente por um crime ou delito particularmente grave, constitua ameaça para a comunidade do referido país.

Artigo 34
Naturalização

Os Estados Contratantes facilitarão, na medida do possível, a assimilação e a naturalização dos refugiados. Esforçar-se-ão, em especial, para acelerar o processo de naturalização e reduzir, também na medida do possível, as taxas e despesas desse processo.

Capítulo VI
DISPOSIÇÕES EXECUTÓRIAS E TRANSITÓRIAS

Artigo 35
Cooperação das autoridades nacionais com as Nações Unidas

1. Os Estados Contratantes comprometem-se a cooperar com o Alto Comissariado das Nações Unidas para os Refugiados, ou qualquer outra instituição das Nações Unidas que lhe suceda, no exercício das suas funções e em particular para facilitar a sua tarefa de supervisionar a aplicação das disposições desta Convenção.

2. A fim de permitir ao Alto Comissariado ou a qualquer outra instituição das Nações Unidas que lhe suceda apresentar relatório aos órgãos competentes das Nações Unidas, os Estados Contratantes se comprometem a fornecer-lhes, pela forma apropriada, as informações e os dados estatísticos solicitados relativos:

a) ao estatuto dos refugiados,

b) à execução desta Convenção, e

c) às leis, regulamentos e decretos que estão ou entrarão em vigor no que concerne aos refugiados.

Artigo 36
Informações sobre as leis e regulamentos nacionais

Os Estados Contratantes comunicarão ao Secretário-Geral das Nações Unidas o texto das leis e dos regulamentos que promulguem para assegurar a aplicação desta Convenção.

Artigo 37
Relações com as convenções anteriores

Sem prejuízo das disposições constantes no parágrafo 2 do artigo 28, esta Convenção substitui, entre as Partes na Convenção, os acordos de 5 de julho de 1922, 31 de maio de 1924, 12 de maio de 1926, 30 de julho de 1928 e 30 de julho de 1935, bem como as Convenções de 28 de outubro de 1933, 10 de fevereiro de 1938, o Protocolo de 14 de setembro de 1939 e o Acordo de 15 de outubro de 1946.

Capítulo VII
CLÁUSULAS FINAIS

Artigo 38
Solução dos dissídios

Qualquer controvérsia entre as Partes nesta Convenção relativa a sua interpretação ou a sua aplicação, que não possa ser resolvida por outros meios, será submetida à Corte Internacional de Justiça, a pedido de uma das Partes na controvérsia.

Artigo 39
Assinatura, ratificação e adesão

1. Esta Convenção ficará aberta à assinatura em Genebra a 28 de julho de 1951 e, após esta data, depositada em poder do Secretário-Geral das Nações Unidas. Ficará aberta à assinatura no Escritório Europeu das Nações Unidas de 28 de julho a 31 de agosto de 1951, e depois será reaberta à assinatura na sede da Organização das Nações Unidas, de 17 de setembro de 1951 a 31 de dezembro de 1952.

2. Esta Convenção ficará aberta à assinatura de todos os Estados membros da Organização das Nações Unidas, bem como de qualquer outro Estado não membro convidado para a Conferência de Plenipotenciários sobre o Estatuto dos Refugiados e dos Apátridas, ou de qualquer Estado ao qual a Assembleia Geral haja dirigido convite para assinar. Deverá ser ratificada e os instrumentos de ratificação ficarão depositados em poder do Secretário-Geral das Nações Unidas.

3. Os Estados mencionados no parágrafo 2 do presente artigo poderão aderir a esta Convenção a partir de 28 de julho de 1951. A adesão será feita mediante instrumento próprio que ficará depositado em poder do Secretário-Geral das Nações Unidas.

Artigo 40
Cláusula de aplicação territorial

1. Qualquer Estado poderá, no momento da assinatura, ratificação ou adesão, declarar que esta Convenção se estenderá ao conjunto dos territórios que representa no plano internacional, ou a um ou vários dentre eles. Tal declaração produzirá efeitos no momento da entrada em vigor da Convenção para o referido Estado.

2. A qualquer momento posterior a extensão poderá ser feita através de notificação dirigida ao Secretário-Geral das Nações Unidas, e produzirá efeitos a partir do nonagésimo dia seguinte à data na qual o Secretário-Geral das Nações Unidas houver recebido a notificação ou na data de entrada em vigor da Convenção para o referido Estado, se esta última data for posterior.

3. No que concerne aos territórios aos quais esta Convenção não se aplique na data da assinatura, ratificação ou adesão, cada Estado interessado examinará a possibilidade de tomar, logo que possível, todas as medidas necessárias a fim de estender a aplicação desta Convenção aos referidos territórios, ressalvado, sendo necessário por motivos constitucionais, o consentimento do governo de tais territórios.

Artigo 41
Cláusula federal

No caso de um Estado federal ou não unitário, aplicar-se-ão as seguintes disposições:

a) No que concerne aos artigos desta Convenção cuja execução dependa da ação legislativa do poder legislativo federal, as obrigações do governo federal serão, nesta medida, as mesmas que as das partes que não são Estados federais.

b) No que concerne aos artigos desta Convenção cuja aplicação depende da ação legislativa de cada um dos Estados, províncias ou municípios constitutivos, que não são, em virtude do sistema constitucional da federação, obrigados a tomar medidas legislativas, o governo federal clevará, o mais cedo possível, e com o seu parecer favorável, os referidos artigos ao conhecimento das autoridades competentes dos Estados, províncias ou municípios.

c) Um Estado federal Parte nesta Convenção fornecerá, mediante solicitação de qualquer outro Estado Contratante que lhe haja sido transmitida pelo Secretário-Geral das Nações Unidas, uma exposição sobre a legislação e as práticas em vigor na federação e em suas unidades constitutivas, no que concerne a qualquer disposição da Convenção, indicando em que medida, por uma ação legislativa ou de outra natureza, tornou-se efetiva a referida disposição.

Artigo 42
Reservas

1. No momento da assinatura, da ratificação ou da adesão, qualquer Estado poderá formular reservas aos artigos da Convenção, que não os artigos 1, 3, 4, 16 (1), 33 e 36 a 46 inclusive.

2. Qualquer Estado Contratante que haja formulado uma reserva conforme o parágrafo 1 desse artigo, poderá retirá-la a qualquer momento mediante comunicação com esse fim dirigida ao Secretário-Geral das Nações Unidas.

Artigo 43
Entrada em vigor

1. Esta Convenção entrará em vigor no nonagésimo dia seguinte à data do depósito do sexto instrumento de ratificação ou de adesão.

2. Para cada um dos Estados que ratificarem a Convenção ou a ela aderirem depois do depósito do sexto instrumento de ratificação ou de adesão, ela entrará em vigor no nonagésimo dia seguinte à data do depósito feito por esse Estado do seu instrumento de ratificação ou de adesão.

Artigo 44
Denúncia

1. Qualquer Estado Contratante poderá denunciar a Convenção a qualquer momento por notificação dirigida ao Secretário-Geral das Nações Unidas.

2. A denúncia entrará em vigor para o Estado interessado um ano depois da data em que tiver sido recebida pelo Secretário-Geral das Nações Unidas.

3. Qualquer Estado que houver feito uma declaração ou notificação conforme o artigo 40, poderá notificar ulteriormente ao Secretário-Geral das Nações Unidas que a Convenção cessará de se aplicar a todo o território designado na notificação. A Convenção cessará, então, de se aplicar ao território em questão, um ano depois da data na qual o Secretário-Geral houver recebido essa notificação.

Artigo 45
Revisão

1. Qualquer Estado Contratante poderá, a qualquer tempo, por uma notificação dirigida ao Secretário-Geral das Nações Unidas, pedir a revisão desta Convenção.

2. A Assembleia Geral das Nações Unidas recomendará as medidas a serem tomadas, se for o caso, a propósito de tal pedido.

Artigo 46
Notificações pelo Secretário-Geral das Nações Unidas

O Secretário-Geral das Nações Unidas comunicará a todos os Estados membros das Nações Unidas e aos Estados não membros mencionados no artigo 39:

a) as declarações e as notificações mencionadas na seção B do artigo 1;

b) as assinaturas, ratificações e adesões mencionadas no artigo 39;

c) as declarações e as notificações mencionadas no artigo 40;

d) as reservas formuladas ou retiradas mencionadas no artigo 42;

e) a data na qual esta Convenção entrará em vigor, de acordo com o artigo 43;

f) as denúncias e as notificações mencionadas no artigo 44;

g) os pedidos de revisão mencionados no artigo 45.

Em fé do que, os abaixo-assinados, devidamente autorizados, assinaram, em nome de seus respectivos Governos, a presente Convenção.

DECRETO Nº 70.946, DE 7 DE AGOSTO DE 1972

Promulga o Protocolo sobre o Estatuto dos Refugiados.

O PRESIDENTE DA REPÚBLICA, havendo sido aprovado, pelo Decreto Legislativo nº 93, de 30 de Novembro de 1971, o Protocolo sobre Estatuto dos Refugiados, concluídos em Nova York, a 31 de Janeiro de 1967;

Havendo sido depositado, pelo Brasil, um Instrumento de Adesão Junto ao Secretariado das Nações Unidas em 7 de abril de 1972;

E havendo o referido Protocolo, em conformidade com o seu artigo VIII, parágrafo 2, entrado em vigor, para o Brasil, a 7 de abril de 1972.

Decreta que o Protocolo, apenso por cópia ao presente Decreto, seja executado e cumprido tão inteiramente como nele se contém.

Brasília, 7 de Agosto de 1972; 151º da Independência e 84º da República.

Emílio G. Médici, Mário Gibson Barboza

DOU de 8.8.1972

PROTOCOLO SOBRE O ESTATUTO DOS REFUGIADOS

Os Estados partes no presente protocolo,

Considerando que a Convenção sobre o Estatuto dos Refugiados assinada em Genebra, a 28 de julho de 1951 (doravante denominada Convenção), só se aplica às pessoas que se tornaram refugiados em decorrência dos acontecimentos ocorridos antes de 1º de janeiro de 1951.

Considerando que surgiram novas categorias de refugiados desde que a Convenção foi adotada e que, por isso, os citados refugiados não podem beneficiar-se da Convenção,

Considerando a conveniência de que o mesmo Estatuto se aplique a todos os refugiados compreendidos na definição dada na Convenção, independentemente da data-limite de 1º de janeiro de 1951,

Convierem no seguinte:

ARTIGO I
Disposição Geral

1. Os Estados partes no presente Protocolo comprometer-se-ão a aplicar os artigos 2 a 34 inclusive da Convenção aos refugiados, definidos a seguir.

2. Para os fins do presente Protocolo o termo "refugiados" salvo no que diz respeito à aplicação do parágrafo 3 do presente artigo, significa qualquer pessoa que se enquadre na definição dada no artigo primeiro da Convenção, como se as palavras "em decorrência dos acontecimentos ocorridos antes de 1º de janeiro de 1951 e..." e as palavras "como consequência de tais acontecimentos" não figurassem no parágrafo 2 da seção A do artigo primeiro.

3. O presente Protocolo será aplicado pelos Estados partes sem nenhuma limitação geográfica; entretanto, as declarações já feitas em virtude da alínea *a* do parágrafo 1º da seção B do artigo primeiro da Convenção aplicar-se-ão também, no regime do presente Protocolo, a menos que as obrigações do Estado declarante tenham sido ampliadas em conformidade com o parágrafo 2 da seção B do artigo primeiro da Convenção.

ARTIGO II
Cooperação das autoridades nacionais com as Nações Unidas

1. Os Estados Partes no presente Protocolo comprometem-se a cooperar com o Alto Comissariado das Nações Unidas para os Refugiados ou qualquer outra instituição das Nações Unidas que lhe suceder, no exercício de suas funções e, especialmente, a facilitar seu trabalho de observar a aplicação das disposições do presente Protocolo.

2. A fim de permitir ao Alto Comissariado, ou a toda outra instituição das Nações Unidas que lhe suceder, apresentar relatórios aos órgãos competentes das Nações Unidas, os Estados partes no presente Protocolo comprometem-se a fornecer-lhe, na forma apropriada, as informações e os dados estatísticos solicitados sobre:

a) o estatuto dos refugiados;

b) a execução do presente Protocolo.

c) as leis, os regulamentos e os decretos que estão ou entrarão em vigor no que concerne aos refugiados.

ARTIGO III
Informações relativas às Leis e Regulamentos Nacionais

Os Estados partes no presente Protocolo comunicarão ao Secretário-Geral da Organização das Nações Unidas o texto das leis e dos regulamentos que promulgarem para assegurar a aplicação do presente Protocolo.

ARTIGO IV
Solução das Controvérsias

Toda controvérsia entre as partes no presente Protocolo relativa à sua interpretação e à sua aplicação, que não for resolvida por outros meios, será submetida à Corte Internacional de Justiça a pedido de uma das partes na controvérsia.

ARTIGO V
Adesão

O presente Protocolo ficará aberto à adesão de todos os Estados partes na Convenção e qualquer outro Estado Membro da Organização das Nações Unidas ou membro de uma de suas Agências Especializadas ou de outro Estado ao qual a Assembleia Geral endereçar um convite para aderir ao Protocolo. A adesão far-se-á pelo depósito de um instrumento de adesão junto ao Secretário-Geral da Organização das Nações Unidas.

ARTIGO VI
Cláusula Federal

No caso de um Estado Federal ou não unitário, as seguintes disposições serão aplicadas:

a) No que diz respeito aos artigos da Convenção que devam ser aplicados de conformidade com o parágrafo 1º do artigo primeiro do presente Protocolo e cuja execução depender da ação legislativa do poder legislativo federal, as obrigações do governo federal serão, nesta medida, as mesmas que aquelas dos Estados partes que não forem Estados federais.

b) No que diz respeito aos artigos da Convenção que devam ser aplicados de conformidade com o parágrafo 1º do artigo primeiro do presente Protocolo e cuja aplicação depender da ação legislativa de cada um dos Estados, províncias, ou municípios constitutivos, que não forem, por causa do sistema constitucional da federação, obrigados a adotar medidas legislativas, o governo federal levará, o mais cedo possível e com sua opinião favorável, os referidos artigos aos conhecimento das autoridades competentes dos Estados, províncias ou municípios.

c) Um Estado federal parte no presente Protocolo comunicará, a pedido de qualquer outro Estado parte no presente Protocolo que lhe for transmitido pelo Secretário-Geral da Organização das Nações Unidas, uma exposição de sua legislação e as práticas em vigor na federação e suas unidades constitutivas no que diz respeito a qualquer disposição da Convenção a ser aplicada de conformidade com o disposto no parágrafo 1º do artigo primeiro do presente Protocolo indicando em que medida, por ação legislativa ou de outra espécie foi efetivada tal disposição.

ARTIGO VII
Reservas e Declarações

1. No momento de sua adesão, todo Estado poderá formular reservas ao artigo IV do presente Protocolo e a respeito da aplicação, em virtude do artigo primeiro do presente Protocolo, de quaisquer disposições da Convenção, com exceção dos artigos 1º, 3º, 4º, 16(1) e 33, desde que, no caso de um Estado parte na Convenção, as reservas feitas, em virtude do presente artigo, não se estendam aos refugiados aos quais se aplica a Convenção.

2. As reservas feitas por Estados partes na Convenção, de conformidade com o artigo 42 da referida Convenção, aplicar-se-ão, a não ser que sejam retiradas, as suas obrigações decorrentes do presente Protocolo.

3. Todo Estado que formular uma reserva em virtude do parágrafo 1º do presente artigo poderá retirá-la a qualquer momento por uma comunicação endereçada com este objetivo ao Secretário-Geral da Organização das Nações Unidas.

4. As declarações feitas em virtude dos parágrafos 1 e 2 do artigo 40 da Convenção por um Estado parte nesta Convenção, e que aderir ao presente Protocolo, serão consideradas aplicáveis a este Protocolo, a menos que, no momento da adesão, uma notificação contrária for endereçada ao Secretário-Geral da Organização das Nações Unidas. As disposições dos parágrafos 2 e 3 do artigo 40 e do parágrafo 3 do artigo 44 da Convenção serão consideradas aplicáveis *mutatis mutandis* ao presente Protocolo.

ARTIGO VIII
Entrada em vigor

1. O presente Protocolo entrará em vigor na data do depósito do sexto instrumento da adesão.

2. Para cada um dos Estados que aderir ao Protocolo após o depósito do sexto instrumento de adesão, o Protocolo entrará em vigor na data em que esse Estado depositar seu instrumento de adesão.

ARTIGO IX
Denúncia

1. Todo Estado parte no presente Protocolo poderá denunciá-lo, a qualquer momento, mediante uma notificação endereçada ao Secretário-Geral da Organização das Nações Unidas.

2. A denúncia surtirá efeito, para o Estado parte em questão, um ano após a data em que for recebida pelo Secretário-Geral da Organização das Nações Unidas.

ARTIGO X
Notificações pelo Secretário-Geral da Organização das Nações Unidas

O Secretário-Geral da Organização das Nações Unidas notificará a todos os Estados referidos no artigo V as datas da entrada em vigor, de adesão, de depósito e de retirada de reservas, de denúncia e de declarações e notificações pertinentes ao presente Protocolo.

ARTIGO XI
Depósito do Protocolo nos arquivos do Secretário da Organização das Nações Unidas

Um exemplar do presente Protocolo, cujo texto em língua chinesa, espanhola, francesa, inglesa e russa fazem igualmente fé, assinado pelo Presidente da Assembleia Geral e pelo Secretário-Geral da Organização das Nações Unidas, será depositado nos arquivos do Secretário da Organização. O Secretário-Geral remeterá copias autenticadas do Protocolo a todos os Estados Membros da Organização das Nações Unidas e aos outros Estados referidos no artigo V.

De conformidade com o artigo XI do Protocolo, apusemos nossa assinatura, a trinta e um de janeiro de mil novecentos e sessenta e sete.

A. R. Pazhwak,
Presidente da Assembleia Geral das Nações Unidas.

U. Thant,
Secretário-Geral das Nações Unidas.

DECRETO Nº 99.757, DE 29 DE NOVEMBRO DE 1990

Retifica o Decreto nº 98.602, de 19 de dezembro de 1989, que deu nova redação ao Decreto nº 50.215, de 28 de janeiro de 1961, que promulgou a Convenção relativa ao Estatuto dos Refugiados.

O PRESIDENTE DA REPÚBLICA, no uso da atribuição que lhe confere o art. 84, inciso IV, da Constituição,

Considerando que, ao efetuar o depósito, em 7 de abril de 1972, junto ao Secretário-Geral das Nações Unidas, da Carta de Adesão ao Protocolo de 1967, sobre o Estatuto dos Refugiados, o Governo brasileiro retirou as reservas aos Artigos 15 e 17 da Convenção de 1951 relativa ao Estatuto dos Refugiados, e

Considerando que o Decreto nº 98.602, de 19 de dezembro de 1989, não levou em conta a retirada, pelo Brasil, das reservas aos citados Artigos,

DECRETA

Que a Convenção relativa ao Estatuto dos Refugiados será executada e cumprida tão inteiramente como nela se contém, e que, para os efeitos da mesma, com relação ao Brasil, se aplicará o disposto na Seção B.1 (b) do Artigo 1º.

Brasília, 3 de dezembro de 1990; 169º da Independência e 102º da República.

Fernando Collor, Francisco Rezek

DOU de 30.11.1990

LEI Nº 9.474, DE 22 DE JULHO DE 1997

Define mecanismos para a implementação do Estatuto dos Refugiados de 1951,* e determina outras providências.

O PRESIDENTE DA REPÚBLICA

Faço saber que o Congresso Nacional decreta e eu sanciono a seguinte Lei:

TÍTULO I
DOS ASPECTOS CARACTERIZADORES

Capítulo I
DO CONCEITO, DA EXTENSÃO E DA EXCLUSÃO

Seção I
Do Conceito

Art. 1º. Será reconhecido como refugiado todo indivíduo que:

I – devido a fundados temores de perseguição por motivos de raça, religião, nacionalidade, grupo social ou opiniões políticas encontre-se fora de seu país de nacionalidade e não possa ou não queira acolher-se à proteção de tal país;

II – não tendo nacionalidade e estando fora do país onde antes teve sua residência habitual, não possa ou não queira regressar a ele, em função das circunstâncias descritas no inciso anterior;

III – devido a grave e generalizada violação de direitos humanos, é obrigado a deixar seu país de nacionalidade para buscar refúgio em outro país.

Seção II
Da Extensão

Art. 2º. Os efeitos da condição dos refugiados serão extensivos ao cônjuge, aos ascendentes e descendentes, assim como aos demais membros do grupo familiar que do refugiado dependerem economicamente, desde que se encontrem em território nacional.

Seção III
Da Exclusão

Art. 3º. Não se beneficiarão da condição de refugiado os indivíduos que:

I – já desfrutem de proteção ou assistência por parte de organismo ou instituição das Nações Unidas que não o Alto Comissariado das Nações Unidas para os Refugiados – ACNUR;

II – sejam residentes no território nacional e tenham direitos e obrigações relacionados com a condição de nacional brasileiro;

III – tenham cometido crime contra a paz, crime de guerra, crime contra a humanidade, crime hediondo, participado de atos terroristas ou tráfico de drogas;

IV – sejam considerados culpados de atos contrários aos fins e princípios das Nações Unidas.

Capítulo II
DA CONDIÇÃO JURÍDICA DE REFUGIADO

Art. 4º. O reconhecimento da condição de refugiado, nos termos das definições anteriores, sujeitará seu beneficiário ao preceituado nesta Lei, sem prejuízo do disposto em instrumentos internacionais de que o Governo brasileiro seja parte, ratifique ou venha a aderir.

Art. 5º. O refugiado gozará de direitos e estará sujeito aos deveres dos estrangeiros no Brasil, ao disposto nesta Lei, na Convenção sobre o Estatuto dos Refugiados de 1951 e no Protocolo sobre o Estatuto dos Refugiados de 1967, cabendo-lhe a obrigação de acatar as leis, regulamentos e providências destinados à manutenção da ordem pública.

Art. 6º. O refugiado terá direito, nos termos da Convenção sobre o Estatuto dos Refugiados de 1951, a cédula de identidade comprobatória de sua condição jurídica, carteira de trabalho e documento de viagem.

TÍTULO II
DO INGRESSO NO TERRITÓRIO NACIONAL E DO PEDIDO DE REFÚGIO

Art. 7º. O estrangeiro que chegar ao território nacional poderá expressar sua vontade de solicitar reconhecimento como refugiado a qualquer autoridade migratória que se encontre na fronteira, a qual lhe proporcionará as infor-

(*) O Estatuto dos Refugiados de 1951 foi promulgado no Brasil por meio do Decreto nº 50.215, de 28 de janeiro de 1961.

mações necessárias quanto ao procedimento cabível.

§ 1º. Em hipótese alguma será efetuada sua deportação para fronteira de território em que sua vida ou liberdade esteja ameaçada, em virtude de raça, religião, nacionalidade, grupo social ou opinião política.

§ 2º. O benefício previsto neste artigo não poderá ser invocado por refugiado considerado perigoso para a segurança do Brasil.

Art. 8º. O ingresso irregular no território nacional não constitui impedimento para o estrangeiro solicitar refúgio às autoridades competentes.

Art. 9º. A autoridade a quem for apresentada a solicitação deverá ouvir o interessado e preparar termo de declaração, que deverá conter as circunstâncias relativas à entrada no Brasil e às razões que o fizeram deixar o país de origem.

Art. 10. A solicitação, apresentada nas condições previstas nos artigos anteriores, suspenderá qualquer procedimento administrativo ou criminal pela entrada irregular, instaurado contra o peticionário e pessoas de seu grupo familiar que o acompanhem.

§ 1º. Se a condição de refugiado for reconhecida, o procedimento será arquivado, desde que demonstrado que a infração correspondente foi determinada pelos mesmos fatos que justificaram o dito reconhecimento.

§ 2º. Para efeito do disposto no parágrafo anterior, a solicitação de refúgio e a decisão sobre a mesma deverão ser comunicadas à Polícia Federal, que as transmitirá ao órgão onde tramitar o procedimento administrativo ou criminal.

TÍTULO III
DO CONARE

Art. 11. Fica criado o Comitê Nacional para os Refugiados – CONARE, órgão de deliberação coletiva, no âmbito do Ministério da Justiça.

Capítulo I
DA COMPETÊNCIA

Art. 12. Compete ao CONARE, em consonância com a Convenção sobre o Estatuto dos Refugiados de 1951, com o Protocolo sobre o Estatuto dos Refugiados de 1967 e com as demais fontes de direito internacional dos refugiados:

I – analisar o pedido e declarar o reconhecimento, em primeira instância, da condição de refugiado;

II – decidir a cessação, em primeira instância, *ex officio* ou mediante requerimento das autoridades competentes, da condição de refugiado;

III – determinar a perda, em primeira instância, da condição de refugiado;

IV – orientar e coordenar as ações necessárias à eficácia da proteção, assistência e apoio jurídico aos refugiados;

V – aprovar instruções normativas esclarecedoras à execução desta Lei.

Art. 13. O regimento interno do CONARE será aprovado pelo Ministro de Estado da Justiça.

Parágrafo único. O regimento interno determinará a periodicidade das reuniões do CONARE.

Capítulo II
DA ESTRUTURA E DO FUNCIONAMENTO

Art. 14. O CONARE será constituído por:

I – um representante do Ministério da Justiça, que o presidirá;

II – um representante do Ministério das Relações Exteriores;

III – um representante do Ministério do Trabalho;

IV – um representante do Ministério da Saúde;

V – um representante do Ministério da Educação e do Desporto;

VI – um representante do Departamento de Polícia Federal;

VII – um representante de organização não governamental, que se dedique a atividades de assistência e proteção de refugiados no País.

§ 1º. O Alto Comissariado das Nações Unidas para Refugiados – ACNUR será sempre membro convidado para as reuniões do CONARE, com direito a voz, sem voto.

§ 2º. Os membros do CONARE serão designados pelo Presidente da República, mediante indicações dos órgãos e da entidade que o compõem.

§ 3º. O CONARE terá um Coordenador-Geral, com a atribuição de preparar os processos de requerimento de refúgio e a pauta de reunião.

Art. 15. A participação no CONARE será considerada serviço relevante e não implicará remuneração de qualquer natureza ou espécie.

Art. 16. O CONARE reunir-se-á com *quorum* de quatro membros com direito a voto, deliberando por maioria simples.

Parágrafo único. Em caso de empate, será considerado voto decisivo o do Presidente do CONARE.

TÍTULO IV
DO PROCESSO DE REFÚGIO

Capítulo I
DO PROCEDIMENTO

Art. 17. O estrangeiro deverá apresentar-se à autoridade competente e externar vontade de solicitar o reconhecimento da condição de refugiado.

Art. 18. A autoridade competente notificará o solicitante para prestar declarações, ato que marcará a data de abertura dos procedimentos.

Parágrafo único. A autoridade competente informará o Alto Comissariado das Nações Unidas para Refugiados – ACNUR sobre a existência do processo de solicitação de refúgio e facultará a esse organismo a possibilidade de oferecer sugestões que facilitem seu andamento.

Art. 19. Além das declarações, prestadas se necessário com ajuda de intérprete, deverá o estrangeiro preencher a solicitação de reconhecimento como refugiado, a qual deverá conter identificação completa, qualificação profissional, grau de escolaridade do solicitante e membros do seu grupo familiar, bem como relato das circunstâncias e fatos que fundamentem o pedido de refúgio, indicando os elementos de prova pertinentes.

Art. 20. O registro de declaração e a supervisão do preenchimento da solicitação do refúgio devem ser efetuados por funcionários qualificados e em condições que garantam o sigilo das informações.

Capítulo II
DA AUTORIZAÇÃO DE RESIDÊNCIA PROVISÓRIA

Art. 21. Recebida a solicitação de refúgio, o Departamento de Polícia Federal emitirá protocolo em favor do solicitante e de seu grupo familiar que se encontre no território nacional, o qual autorizará a estada até a decisão final do processo.

§ 1º. O protocolo permitirá ao Ministério do Trabalho expedir carteira de trabalho provisória, para o exercício de atividade remunerada no País.

§ 2º. No protocolo do solicitante de refúgio serão mencionados, por averbamento, os menores de quatorze anos.

Art. 22. Enquanto estiver pendente o processo relativo à solicitação de refúgio, ao peticionário será aplicável a legislação sobre estrangeiros, respeitadas as disposições específicas contidas nesta Lei.

Capítulo III
DA INSTRUÇÃO E DO RELATÓRIO

Art. 23. A autoridade competente procederá a eventuais diligências requeridas pelo CONARE, devendo averiguar todos os fatos cujo conhecimento seja conveniente para uma justa e rápida decisão, respeitando sempre o princípio da confidencialidade.

Art. 24. Finda a instrução, a autoridade competente elaborará, de imediato, relatório, que será enviado ao Secretário do CONARE, para inclusão na pauta da próxima reunião daquele Colegiado.

Art. 25. Os intervenientes nos processos relativos às solicitações de refúgio deverão guardar segredo profissional quanto às informações a que terão acesso no exercício de suas funções.

Capítulo IV
DA DECISÃO, DA COMUNICAÇÃO E DO REGISTRO

Art. 26. A decisão pelo reconhecimento da condição de refugiado será considerada ato declaratório e deverá estar devidamente fundamentada.

Art. 27. Proferida a decisão, o CONARE notificará o solicitante e o Departamento de Polícia Federal, para as medidas administrativas cabíveis.

Art. 28. No caso de decisão positiva, o refugiado será registrado junto ao Departamento de Polícia Federal, devendo assinar termo de responsabilidade e solicitar cédula de identidade pertinente.

Capítulo V
DO RECURSO

Art. 29. No caso de decisão negativa, esta deverá ser fundamentada na notificação ao solicitante, cabendo direito de recurso ao Ministro de Estado da Justiça, no prazo de quinze dias, contados do recebimento da notificação.

Art. 30. Durante a avaliação do recurso, será permitido ao solicitante de refúgio e aos seus familiares permanecer no território nacional, sendo observado o disposto nos §§ 1º e 2º do art. 21 desta Lei.

Art. 31. A decisão do Ministro de Estado da Justiça não será passível de recurso, devendo ser notificada ao CONARE, para ciência do solicitante, e ao Departamento de Polícia Federal, para as providências devidas.

Art. 32. No caso de recusa definitiva de refúgio, ficará o solicitante sujeito à legislação de estrangeiros, não devendo ocorrer sua transferência para o seu país de nacionalidade ou de residência habitual, enquanto permanecerem as circunstâncias que põem em risco sua vida, integridade física e liberdade, salvo nas situações determinadas nos incisos III e IV do art. 3º desta Lei.

TÍTULO V
DOS EFEITOS DO ESTATUTO DE REFUGIADOS SOBRE A EXTRADIÇÃO E A EXPULSÃO

Capítulo I
DA EXTRADIÇÃO

Art. 33. O reconhecimento da condição de refugiado obstará o seguimento de qualquer pedido de extradição baseado nos fatos que fundamentaram a concessão de refúgio.

Art. 34. A solicitação de refúgio suspenderá, até decisão definitiva, qualquer processo de extradição pendente, em fase administrativa ou judicial, baseado nos fatos que fundamentaram a concessão de refúgio.

Art. 35. Para efeito do cumprimento do disposto nos arts. 33 e 34 desta Lei, a solicitação de reconhecimento como refugiado será comunicada ao órgão onde tramitar o processo de extradição.

Capítulo II
DA EXPULSÃO

Art. 36. Não será expulso do território nacional o refugiado que esteja regularmente registrado, salvo por motivos de segurança nacional ou de ordem pública.

Art. 37. A expulsão de refugiado do território nacional não resultará em sua retirada para país onde sua vida, liberdade ou integridade física possam estar em risco, e apenas será efetivada quando da certeza de sua admissão em país onde não haja riscos de perseguição.

TÍTULO VI
DA CESSAÇÃO E DA PERDA DA CONDIÇÃO DE REFUGIADO

Capítulo I
DA CESSAÇÃO DA CONDIÇÃO DE REFUGIADO

Art. 38. Cessará a condição de refugiado nas hipóteses em que o estrangeiro:

I – voltar a valer-se da proteção do país de que é nacional;

II – recuperar voluntariamente a nacionalidade outrora perdida;

III – adquirir nova nacionalidade e gozar da proteção do país cuja nacionalidade adquiriu;

IV – estabelecer-se novamente, de maneira voluntária, no país que abandonou ou fora do qual permaneceu por medo de ser perseguido;

V – não puder mais continuar a recusar a proteção do país de que é nacional por terem deixado de existir as circunstâncias em consequência das quais foi reconhecido como refugiado;

VI – sendo apátrida, estiver em condições de voltar ao país no qual tinha sua residência habitual, uma vez que tenham deixado de existir as circunstâncias em consequência das quais foi reconhecido como refugiado.

Capítulo II
DA PERDA DA CONDIÇÃO DE REFUGIADO

Art. 39. Implicará perda da condição de refugiado:

I – a renúncia;

II – a prova da falsidade dos fundamentos invocados para o reconhecimento da condição de refugiado ou a existência de fatos que, se fossem conhecidos quando do reconhecimento, teriam ensejado uma decisão negativa;

III – o exercício de atividades contrárias à segurança nacional ou à ordem pública;

IV – a saída do território nacional sem prévia autorização do Governo brasileiro.

Parágrafo único. Os refugiados que perderem essa condição com fundamento nos incisos I e IV deste artigo serão enquadrados no regime geral de permanência de estrangeiros no território nacional, e os que a perderem com fundamento nos incisos II e III estarão sujeitos às medidas compulsórias previstas na Lei nº 6.815, de 19 de agosto de 1980.

Capítulo III
DA AUTORIDADE COMPETENTE E DO RECURSO

Art. 40. Compete ao CONARE decidir em primeira instância sobre cessação ou perda da condição de refugiado, cabendo, dessa decisão, recurso ao Ministro de Estado da Justiça, no prazo de quinze dias, contados do recebimento da notificação.

§ 1º. A notificação conterá breve relato dos fatos e fundamentos que ensejaram a decisão e cientificará o refugiado do prazo para interposição do recurso.

§ 2º. Não sendo localizado o estrangeiro para a notificação prevista neste artigo, a decisão será publicada no Diário Oficial da União, para fins de contagem do prazo de interposição de recurso.

Art. 41. A decisão do Ministro de Estado da Justiça é irrecorrível e deverá ser notificada ao CONARE, que a informará ao estrangeiro e ao Departamento de Polícia Federal, para as providências cabíveis.

TÍTULO VII
DAS SOLUÇÕES DURÁVEIS

Capítulo I
DA REPATRIAÇÃO

Art. 42. A repatriação de refugiados aos seus países de origem deve ser caracterizada pelo caráter voluntário do retorno, salvo nos casos em que não possam recusar a proteção do país de que são nacionais, por não mais subsistirem as circunstâncias que determinaram o refúgio.

Capítulo II
DA INTEGRAÇÃO LOCAL

Art. 43. No exercício de seus direitos e deveres, a condição atípica dos refugiados deverá ser considerada quando da necessidade da apresentação de documentos emitidos por seus países de origem ou por suas representações diplomáticas e consulares.

Art. 44. O reconhecimento de certificados e diplomas, os requisitos para a obtenção da condição de residente e o ingresso em instituições acadêmicas de todos os níveis deverão ser facilitados, levando-se em consideração a situação desfavorável vivenciada pelos refugiados.

Capítulo III
DO REASSENTAMENTO

Art. 45. O reassentamento de refugiados em outros países deve ser caracterizado, sempre que possível, pelo caráter voluntário.

Art. 46. O reassentamento de refugiados no Brasil se efetuará de forma planificada e com a participação coordenada dos órgãos estatais e, quando possível, de organizações não governamentais, identificando áreas de cooperação e de determinação de responsabilidades.

TÍTULO VIII
DAS DISPOSIÇÕES FINAIS

Art. 47. Os processos de reconhecimento da condição de refugiado serão gratuitos e terão caráter urgente.

Art. 48. Os preceitos desta Lei deverão ser interpretados em harmonia com a Declaração Universal dos Direitos do Homem de 1948, com a Convenção sobre o Estatuto dos Refugiados de 1951, com o Protocolo sobre o Estatuto dos Refugiados de 1967 e com todo dispositivo pertinente de instrumento internacional de proteção de direitos humanos com o qual o Governo brasileiro estiver comprometido.

Art. 49. Esta Lei entra em vigor na data de sua publicação.

Brasília, 22 de julho de 1997; 176º da Independência e 109º da República.

Fernando Henrique Cardoso, Iris Rezende
DOU de 23.7.1997

DECRETO Nº 4.246, DE 22 DE MAIO DE 2002

Promulga a Convenção sobre o Estatuto dos Apátridas.

O PRESIDENTE DA REPÚBLICA, no uso da atribuição que lhe confere o art. 84, inciso VIII, da Constituição;

Considerando que o Congresso Nacional aprovou o texto da Convenção sobre o Estatuto dos Apátridas por meio do Decreto Legislativo no 38, de 5 de abril de 1995;

Considerando que a Convenção entrou em vigor, para o Brasil, em 13 de novembro de 1996, nos termos do parágrafo 2º, de seu art. 39;

Decreta:

Art. 1º. A Convenção sobre o Estatuto dos Apátridas, apensa por cópia ao presente Decreto, será executada e cumprida tão inteiramente como nela se contém.

Art. 2º. São sujeitos à aprovação do Congresso Nacional quaisquer atos que possam resultar em revisão da mencionada Convenção, assim como quaisquer ajustes complementares que, nos termos do art. 49, inciso I, da Constituição, acarretem encargos ou compromissos gravosos ao patrimônio nacional.

Art. 3º. Este Decreto entra em vigor na data de sua publicação.

Brasília, 22 de maio de 2002; 181º da Independência e 114º da República.

Fernando Henrique Cardoso, Osmar chohfi
DOU de 23.5.2002

CONVENÇÃO SOBRE O ESTATUTO DOS APÁTRIDAS (1954)

Adotada em 28 de setembro de 1954 pela Conferência de Plenipotenciários convocada pela Resolução 526 A (XVII) do Conselho Econômico e Social (ECOSOC) das Nações Unidas, de 26 de abril de 1954.

Preâmbulo

As Altas Partes Contratantes,

Considerando que a Carta das Nações Unidas e a Declaração Universal de Direitos Humanos, aprovada em 10 de dezembro de 1948 pela Assembleia-Geral das Nações Unidas, afirmaram o princípio de que os seres humanos, sem discriminação alguma, devem gozar dos direitos e liberdades fundamentais;

Considerando que as Nações Unidas manifestaram, em diversas ocasiões, o seu profundo interesse pelos apátridas e se esforçaram por assegurar-lhes o exercício mais amplo possível dos direitos e liberdades fundamentais;

Considerando que a Convenção sobre o Estatuto dos Refugiados de 28 de julho de 1951 compreende apenas os apátridas que são também refugiados, e que existem muitos apátridas aos quais a referida Convenção não se aplica;

Considerando que é desejável regular e melhorar a condição dos apátridas mediante um acordo internacional;

Convieram nas seguintes disposições:

Capítulo I
DISPOSIÇÕES GERAIS

Artigo 1
Definição do Termo "Apátrida"

1. Para os efeitos da presente Convenção, o termo "apátrida" designará toda pessoa que não seja considerada seu nacional por nenhum Estado, conforme sua legislação.

2. Esta Convenção não se aplicará:

i) às pessoas que recebam atualmente proteção ou assistência de um órgão ou agência das Nações Unidas diverso do Alto Comissariado das Nações Unidas para os Refugiados, enquanto estiverem recebendo tal proteção ou assistência;

ii) às pessoas às quais as autoridades competentes do país no qual hajam fixado sua residência reconheçam os direitos e obrigações inerentes à posse da nacionalidade de tal país;

iii) às pessoas a respeito das quais haja razões fundadas para considerar:

a) que cometeram um delito contra a paz, um delito de guerra ou um delito contra a humanidade, definido nos termos dos instrumentos internacionais referentes aos mencionados delitos;

b) que cometeram um delito grave de índole não política fora do país de sua residência, antes da sua admissão no referido país;

c) que são culpadas de atos contrários aos propósitos e princípios das Nações Unidas.

Artigo 2
Obrigações Gerais

Todo apátrida tem, a respeito do país em que se encontra, deveres que compreendem especialmente a obrigação de acatar suas leis e regulamentos, bem como as medidas adotadas para a manutenção da ordem pública.

Artigo 3
Não Discriminação

Os Estados Contratantes aplicarão as disposições desta Convenção aos apátridas, sem discriminação por motivos de raça, religião ou país de origem.

Artigo 4
Religião

Os Estados Contratantes garantirão aos apátridas em seu território um tratamento pelo menos tão favorável quanto o que garantem aos seus nacionais em relação à liberdade de praticar sua religião e no tocante à liberdade de instrução religiosa de seus filhos.

Artigo 5
Direitos Concedidos Independentemente desta Convenção

Nenhuma disposição desta Convenção poderá afetar os outros direitos e vantagens concedidos aos apátridas, independentemente desta Convenção.

Artigo 6
A Expressão "Nas Mesmas Circunstâncias"

Para os fins desta Convenção, os termos "nas mesmas circunstâncias" implicam que todas as condições (e notadamente as que se referem à duração e às condições de permanência ou de residência) que o interessado deveria cumprir para poder exercer o direito em questão, se não fosse apátrida, devem ser cumpridas por ele, com exceção das condições que, em virtude da sua natureza, não podem ser cumpridas por um apátrida.

Artigo 7
Dispensa de Reciprocidade

1. Ressalvadas as disposições mais favoráveis previstas por esta Convenção, todo Estado Contratante concederá aos apátridas o regime que concede aos estrangeiros em geral.

2. Após um prazo de residência de três anos, todos os apátridas se beneficiarão, no território dos Estados Contratantes, da dispensa de reciprocidade legislativa.

3. Todo Estado Contratante continuará a conceder aos apátridas os direitos e vantagens de que eles já gozavam, na falta de reciprocidade, na data de entrada em vigor desta Convenção para o referido Estado.

4. Os Estados Contratantes considerarão com benevolência a possibilidade de conceder aos apátridas, na falta de reciprocidade, direitos e vantagens além dos de que gozavam em virtude dos parágrafos 2 e 3, bem como a possibilidade de fazer gozar da dispensa de reciprocidade de apátridas que não preencham as condições mencionadas nos parágrafos 2 e 3.

5. As disposições dos parágrafos 2 e 3 acima aplicam-se tanto aos direitos e vantagens mencionados nos artigos 13, 18, 19, 21 e 22 desta Convenção como aos direitos e vantagens que não são por ela previstos.

Artigo 8
Dispensa de Medidas Excepcionais

No que concerne às medidas excepcionais que podem ser tomadas contra a pessoa, os bens ou os interesses dos nacionais ou dos ex-nacionais de um Estado determinado, os Estados Contratantes não as aplicarão a um apátrida apenas porque tenha ele tido a nacionalidade de tal Estado. Os Estados Contratantes que, de acordo com a sua legislação, não possam vir a aplicar o princípio geral consagrado neste artigo, deverão conceder em casos apropriados dispensas que favoreçam tais apátridas.

Artigo 9
Medidas Provisórias

Nenhuma das disposições da presente Convenção impedirá um Estado Contratante, em tempo de guerra ou em outras circunstâncias graves e excepcionais, de tomar provisoriamente, a propósito de determinada pessoa, as medidas que este Estado considere indispensáveis à segurança nacional, enquanto não for estabelecido pelo mencionado Estado Contratante que essa pessoa é efetivamente um apátrida e que a manutenção das referidas medidas a seu respeito se afigura necessária no interesse da segurança nacional.

Artigo 10
Continuidade de Residência

1. Quando um apátrida houver sido deportado durante a Segunda Guerra Mundial e transportado para o território de um dos Estados Contratantes e ali residir, a duração dessa permanência forçada será contada como residência regular nesse território.

2. Quando um apátrida houver sido deportado do território de um Estado Contratante durante a Segunda Guerra Mundial e para lá houver voltado antes da entrada em vigor desta Convenção, com o objetivo de residir, o período que precede e o que segue a essa deportação serão considerados, para todos os fins para os quais uma residência ininterrupta é necessária, como constituindo um só período ininterrupto.

Artigo 11
Marítimos Apátridas

Nos casos de apátridas que estejam regularmente empregados como membros da equipagem a bordo de um navio que hasteie pavilhão de um Estado Contratante, este Estado examinará com benevolência a possibilidade de autorizar os referidos apátridas a se estabelecerem no seu território e de expedir-lhes documentos de viagem ou de admiti-los a título temporário no seu território, principalmente com o fim de facilitar-lhes a fixação em outro país.

Capítulo II
CONDIÇÃO JURÍDICA

Artigo 12
Estatuto Pessoal

1. O estatuto pessoal de todo apátrida será regido pela lei do país de seu domicílio ou, na falta de domicílio, pela lei do país de sua residência.

2. Os direitos anteriormente adquiridos pelo apátrida e que decorrem do estatuto pessoal, notadamente os que resultem do casamento, serão respeitados por todo Estado Contratante, ressalvado, se for o caso, o cumprimento das formalidades previstas pela legislação do referido Estado, desde que, todavia, o direito em causa seja daqueles que seriam reconhecidos pela legislação do referido Estado, se o interessado não se houvesse tornado apátrida.

Artigo 13
Propriedade Móvel e Imóvel

Os Estados Contratantes outorgarão a todo apátrida um tratamento tão favorável quanto possível e, em todo caso, não menos favorável que aquele concedido, nas mesmas circunstâncias, aos estrangeiros em geral, no que diz respeito à aquisição da propriedade móvel ou imóvel e aos direitos a elas relativos, ao aluguel e a outros contratos relativos à propriedade móvel e imóvel.

Artigo 14
Propriedade Intelectual e Industrial

Em matéria de proteção da propriedade industrial, notadamente de invenções, desenhos, modelos, marcas de fábrica, nome comercial e em matéria de proteção da propriedade literária, artística e científica, todo apátrida gozará, no país em que tem sua residência habitual, da proteção que é garantida aos nacionais do referido país. No território de qualquer dos outros Estados Contratantes, gozará da mesma proteção dada naquele território aos nacionais do país no qual tenha residência habitual.

Artigo 15
Direito de Associação

Os Estados Contratantes concederão aos apátridas que residem regularmente no seu território, no tocante às associações sem fim político ou lucrativo e aos sindicatos profissionais, um tratamento tão favorável quanto possível e, em todo caso, não menos favorável que aquele conferido, nas mesmas circunstâncias, aos estrangeiros em geral.

Artigo 16
Direito de Demandar em Juízo

1. Todo apátrida gozará, no território dos Estados Contratantes, de livre e fácil acesso aos tribunais.

2. No Estado Contratante em que tem sua residência habitual, todo apátrida fruirá do mesmo tratamento que um nacional no que concerne ao acesso aos tribunais, inclusive a assistência judiciária e a isenção da caução judicatum solvi.

3. Nos Estados Contratantes que não aquele em que tem residência habitual, no que se refere às questões tratadas no parágrafo 2, todo apátrida gozará do mesmo tratamento dispensado ao nacional do país no qual reside habitualmente.

Capítulo III
EMPREGOS LUCRATIVOS

Artigo 17
Profissões Assalariadas

1. Os Estados Contratantes concederão a todo apátrida que resida regularmente no seu território um tratamento tão favorável quanto possível e, em todo caso, um tratamento não menos favorável que aquele proporcionado, nas mesmas circunstâncias, aos estrangeiros em geral no que se refere ao exercício de uma atividade profissional assalariada.

2. Os Estados Contratantes considerarão, com benevolência, a adoção de medidas tendentes a assimilar os direitos de todos os apátridas, no que concerne ao exercício das profissões assalariadas, aos dos seus nacionais, notadamente para os apátridas que entraram em seu território em virtude de um programa de recrutamento de mão-de-obra ou de um plano de imigração.

Artigo 18
Profissões Não Assalariadas

Os Estados Contratantes concederão aos apátridas que se encontrem regularmente em seu território tratamento tão favorável quanto possível e, em todo caso, tratamento que não seja menos favorável que aquele garantido, nas mesmas circunstâncias, aos estrangeiros em geral, no que se reporta ao exercício de uma profissão não assalariada na agricultura, na indústria, no artesanato e no comércio, bem como quanto ao estabelecimento de firmas comerciais e industriais.

Artigo 19
Profissões Liberais

Todo Estado Contratante garantirá aos apátridas que residam regularmente no seu território, portadores de diplomas reconhecidos pelas autoridades competentes do referido Estado e que desejem exercer uma profissão liberal, um tratamento tão favorável quanto possível e, em todo caso, não menos favorável que aquele concedido, nas mesmas circunstâncias, aos estrangeiros em geral.

Capítulo IV
BENEFÍCIOS SOCIAIS

Artigo 20
Racionamento

Na hipótese de existir um sistema de racionamento ao qual esteja sujeita a população como um todo, e que regulamente a partilha geral de produtos de que há escassez, os apátridas serão tratados como os nacionais.

Artigo 21
Habitação

No que se refere a habitação, os Estados Contratantes, na medida em que esse tema seja regrado pelas leis e regulamentos ou esteja submetido ao controle das autoridades públicas, concederão aos apátridas que residam regularmente no seu território um tratamento tão favorável quanto possível, e, em todo caso, não menos favorável que aquele concedido, nas mesmas circunstâncias, aos estrangeiros em geral.

Artigo 22
Instrução Pública

1. Os Estados Contratantes concederão aos apátridas o mesmo tratamento dispensado aos seus nacionais, no tocante ao ensino primário.

2. Os Estados Contratantes assegurarão aos apátridas um tratamento tão favorável quanto possível e, em todo caso, não menos favorável que aquele concedido aos estrangeiros em geral, nas mesmas circunstâncias, no que se refere às categorias de ensino que não o ensino primário e, notadamente, no que concerne o acesso aos estudos, ao reconhecimento de certificados de estudos, de diplomas e de títulos universitários expedidos no estrangeiro, a isenção de direitos e taxas e a concessão de bolsas de estudos.

Artigo 23
Assistência Pública

Os Estados Contratantes outorgarão aos apátridas que residam regularmente no seu território o mesmo tratamento que aquele concedido aos seus nacionais em matéria de assistência e de socorros públicos.

Artigo 24
Legislação do Trabalho e Previdência Social

1. Os Estados Contratantes conferirão aos apátridas que residem regularmente no seu território o mesmo tratamento que aquele facultado aos nacionais no que diz respeito aos seguintes pontos:

a) na medida em que estas questões sejam regulamentadas pela legislação ou dependam das autoridades administrativas: a remuneração, inclusive adicionais de família quando estes adicionais fizerem parte da remuneração, a duração do trabalho, as horas suplementares, as férias pagas, as restrições ao trabalho doméstico, a idade de admissão no emprego, o aprendizado e a formação profissional, o trabalho das mulheres e dos adolescentes e o gozo das vantagens oferecidas pelas convenções coletivas;

b) à previdência social (as disposições legais relativas aos acidentes do trabalho, às moléstias profissionais, à maternidade, à doença, à invalidez, à velhice e à morte, ao desemprego, aos encargos de família, bem como a qualquer outro risco que, conforme a legislação nacional, seja coberto por um sistema de previdência social), ressalvados:

i) os ajustes apropriados que visem à manutenção dos direitos adquiridos e dos direitos em vias de aquisição;

ii) disposições particulares prescritas pela legislação nacional do país de residência e que visem aos benefícios ou frações de benefícios pagos exclusivamente pelos recursos públicos, bem como os benefícios pagos às pessoas que não reúnem as condições de contribuição exigidas para a concessão de uma pensão normal.

2. Os direitos a uma indenização pela morte de um apátrida ocorrida em virtude de acidente do trabalho ou de doença profissional não serão afetados pelo fato de o beneficiário residir fora do território do Estado Contratante.

3. Os Estados Contratantes estenderão aos apátridas o benefício dos acordos que concluíram ou vierem a concluir entre si relativos à manutenção dos direitos adquiridos ou em curso de aquisição em matéria de previdência social, conquanto que preencham as condições previstas para os nacionais dos países signatários dos acordos em questão.

4. Os Estados Contratantes examinarão com benevolência a possibilidade de, na maior medida possível, estender aos apátridas o benefício de acordos semelhantes que estão ou vierem a estar em vigor entre esses Estados Contratantes e Estados não contratantes.

Capítulo V
Medidas Administrativas

Artigo 25
Assistência Administrativa

1. Quando o exercício de um direito por um apátrida exigir normalmente a assistência de autoridades estrangeiras, às quais não possa recorrer, os Estados Contratantes em cujo território ele residir providenciarão para que essa assistência lhe seja prestada por suas próprias autoridades.

2. A ou as autoridades mencionadas no parágrafo 1 expedirão ou farão expedir, sob seu controle, em favor dos apátridas, os documentos ou certificados que, normalmente, seriam expedidos para um estrangeiro por suas autoridades nacionais ou por seu intermédio.

3. Os documentos ou certificados assim expedidos substituirão os atos oficiais expedidos para estrangeiros por suas autoridades nacionais, ou por seu intermédio, e farão fé até prova em contrário.

4. Ressalvadas as exceções que possam ser admitidas em favor dos indigentes, os serviços mencionados no presente artigo poderão ser retribuídos, mas essas retribuições serão moderadas e proporcionais ao que se cobra dos nacionais por serviços análogos.

5. As disposições deste artigo em nada afetam os artigos 27 e 28.

Artigo 26
Liberdade de Movimento

Todo Estado Contratante concederá aos apátridas que se encontrem regularmente no seu território o direito de escolher o local de sua residência e de circular livremente, com as restrições instituídas pela regulamentação aplicável, nas mesmas circunstâncias, aos estrangeiros em geral.

Artigo 27
Documentos de Identidade

Os Estados Contratantes expedirão documentos de identidade a todo apátrida que se encontre no seu território e que não tenha documento de viagem válido.

Artigo 28
Documentos de Viagem

Os Estados Contratantes expedirão aos apátridas que residam regularmente no seu território documentos de viagem destinados a permitir-lhes viajar fora desse território, a menos que a tanto se oponham razões imperiosas de segurança nacional ou de ordem pública. As disposições do anexo a esta Convenção se aplicarão a esses documentos. Os Estados Contratantes poderão expedir tal documento de viagem a qualquer outro apátrida que se encontre no seu território; atentarão particularmente para os casos de apátridas que se encontrem em seu território e que não estejam em condições de obter um documento de viagem do país onde residam regularmente (Vide anexo).

Artigo 29
Encargos Fiscais

1. Os Estados Contratantes não sujeitarão os apátridas a direitos, taxas, impostos, ou qualquer outra denominação, mais elevados que ou diferentes dos que são ou serão cobrados dos seus nacionais em situações análogas.

2. As disposições do parágrafo anterior não se opõem à aplicação, aos apátridas, das disposições das leis e regulamentos concernentes às taxas relativas à expedição de documentos administrativos aos estrangeiros, inclusive papéis de identidade.

Artigo 30
Transferência de Bens

1. Todo Estado Contratante, em conformidade com suas leis e regulamentos, permitirá aos apátridas transferir para outro país, no qual foram admitidos a fim de se reinstalarem, os bens que houverem levado para o território daquele Estado.

2. Todo Estado Contratante considerará com benevolência os pedidos apresentados pelos apátridas que desejarem obter a autorização de transferir todos os outros bens necessários à sua reinstalação em outro país onde foram admitidos a fim de ali se reinstalar.

Artigo 31
Expulsão

1. Os Estados Contratantes não expulsarão um apátrida que se encontre regularmente no seu território senão por motivos de segurança nacional ou de ordem pública.

2. A expulsão desse apátrida só ocorrerá em virtude de decisão proferida conforme processo legal. A não ser que a isso se oponham razões imperiosas de segurança nacional, o apátrida deverá ter permissão de fornecer provas com vistas à sua justificação, de interpor recurso e de se fazer representar para esse fim perante autoridade competente ou perante uma ou várias pessoas especialmente designadas pela autoridade competente.

3. Os Estados Contratantes concederão a tal apátrida um prazo razoável para procurar obter admissão regular em outro país. Os Estados Contratantes podem aplicar, durante esse prazo, as medidas de ordem interna que julgarem oportunas.

Artigo 32
Naturalização

Os Estados Contratantes facilitarão, na medida do possível, a assimilação e a naturalização dos apátridas. Esforçar-se-ão notadamente para acelerar o processo de naturalização e reduzir, na medida do possível, as taxas e despesas desse processo.

Capítulo VI
CLÁUSULAS FINAIS

Artigo 33
Informações Relativas às Leis e Regulamentos Nacionais

Os Estados Contratantes comunicarão ao Secretário-Geral das Nações Unidas o texto das leis e dos regulamentos que promulgarem para assegurar a aplicação desta Convenção.

Artigo 34
Solução das Controvérsias

Qualquer controvérsia entre as Partes nesta Convenção, relativa à sua interpretação ou à sua aplicação, que não possa ser resolvida por outros meios, será submetida à Corte Internacional de Justiça, a pedido de uma das Partes na controvérsia.

Artigo 35
Assinatura, Ratificação e Adesão

1. Esta Convenção ficará aberta à assinatura na Sede da Organização das Nações Unidas até 31 de dezembro de 1955.

2. Ficará aberta à assinatura:

a) de qualquer Estado-membro da Organização das Nações Unidas;

b) de qualquer outro Estado não membro convidado para a Conferência das Nações Unidas sobre o Estatuto dos Apátridas;

c) de qualquer Estado ao qual a Assembleia-Geral das Nações Unidas tenha dirigido convite para assinar ou aderir.

3. Ela deverá ser ratificada e os instrumentos de ratificação serão depositados junto ao Secretário-Geral das Nações Unidas.

4. Os Estados mencionados no parágrafo 2 do presente artigo poderão aderir a esta Convenção. A adesão será feita pelo depósito de um instrumento de adesão junto ao Secretário-Geral das Nações Unidas.

Artigo 36
Cláusulas de Aplicação Territorial

1. Todo Estado poderá, no momento da assinatura, da ratificação ou da adesão, declarar que esta Convenção se estenderá ao conjunto dos territórios que representa no plano internacional, ou a um ou vários dentre eles. Tal declaração produzirá seus efeitos no momento da entrada em vigor da Convenção para o referido Estado.

2. A qualquer momento ulterior, essa extensão se fará por notificação dirigida ao Secretário-Geral das Nações Unidas e produzirá seus efeitos a partir do nonagésimo dia seguinte à data na qual o Secretário-Geral das Nações Unidas houver recebido a notificação ou na data da entrada em vigor da Convenção para o referido Estado, se esta última data for posterior.

3. No que se refere aos territórios aos quais esta Convenção não se aplique na data da assinatura, da ratificação ou da adesão, cada Estado interessado examinará a possibilidade de tomar, logo que possível, todas as medidas necessárias para fazer extensiva a aplicação desta Convenção aos referidos territórios, sob reserva, quando necessário por imposição constitucional, do consentimento dos governos desses territórios.

Artigo 37
Cláusula Federal

No caso de um Estado federal ou não unitário, aplicam-se as seguintes disposições:

a) no que concerne aos artigos desta Convenção cuja execução depende da ação legislativa do poder legislativo federal, as obrigações do governo federal serão, nesta medida, as mesmas que as das partes que não são Estados federativos;

b) no que se refere aos artigos desta Convenção cuja aplicação depende da ação legislativa de cada um dos Estados, províncias ou cantões constitutivos que não são, em virtude do sistema constitucional da federação, obrigados a tomar medidas legislativas, o governo federal levará com a maior brevidade possível, e com parecer favorável, os referidos artigos ao conhecimento das autoridades competentes dos Estados, províncias ou cantões;

c) um Estado federal Parte nesta Convenção fornecerá, a pedido de qualquer outro Estado Contratante que lhe haja sido transmitido pelo Secretário-Geral das Nações Unidas, um relato da legislação e das práticas em vigor na federação e nas suas unidades constitutivas no tocante a qualquer disposição da Convenção, indicando a medida em que, por uma ação legislativa ou outra, se conferiu efeito à referida disposição.

Artigo 38
Reservas

1. No momento da assinatura, da ratificação ou da adesão, qualquer Estado poderá formular reservas aos artigos da Convenção, com exceção dos artigos 1º, 3º, 4º, 16º (1), 33 a 42, inclusive.

2. Qualquer Estado Contratante que haja formulado uma reserva conforme o parágrafo 1 deste artigo poderá retirá-la a qualquer momento por uma comunicação para esse fim dirigida ao Secretário-Geral das Nações Unidas.

Artigo 39
Entrada em Vigor

1. Esta Convenção entrará em vigor no nonagésimo dia seguinte à data do depósito do sexto instrumento de ratificação ou de adesão.

2. Para cada um dos Estados que ratificarem a Convenção ou a ela aderirem depois do depósito do sexto instrumento de ratificação ou adesão, a mesma entrará em vigor no nonagésimo dia seguinte à data do depósito, por esse Estado, do seu instrumento de ratificação ou adesão.

Artigo 40
Denúncia

1. Qualquer Estado Contratante poderá denunciar a Convenção a qualquer momento, por uma notificação dirigida ao Secretário-Geral das Nações Unidas.

2. A denúncia produzirá efeitos, para o Estado Contratante interessado, um ano depois da data na qual houver sido recebida pelo Secretário-Geral das Nações Unidas.

3. Qualquer Estado que houver feito uma declaração ou notificação conforme o artigo 36 poderá notificar ulteriormente ao Secretário-Geral das Nações Unidas que a Convenção cessará de se aplicar a qualquer território designado na notificação. A Convenção cessará então de se aplicar ao território em questão um ano depois da data na qual o Secretário-Geral houver recebido essa notificação.

Artigo 41
Revisão

1. Qualquer Estado Contratante poderá, a qualquer tempo, por uma notificação dirigida ao Secretário-Geral das Nações Unidas, pedir a revisão desta Convenção.

2. A Assembleia-Geral das Nações Unidas recomendará as medidas a serem tomadas, se for o caso, a propósito de tal pedido.

Artigo 42
Notificações pelo Secretário-Geral das Nações Unidas

O Secretário-Geral das Nações Unidas notificará a todos os Estados-membros das Nações Unidas e aos Estados não membros mencionados no artigo 35:

a) as assinaturas, ratificações e adesões mencionadas no artigo 35;

b) as declarações e notificações mencionadas no artigo 36;

c) as reservas formuladas ou retiradas mencionadas no artigo 38;

d) a data na qual esta Convenção entrar em vigor, em virtude do artigo 39;

e) as denúncias e notificações mencionadas no artigo 40;

f) os pedidos de revisão mencionados no artigo 41.

Em fé do que os abaixo assinados, devidamente autorizados, firmaram, em nome dos seus respectivos Governos, a presente Convenção.

Feita em Nova York, em vinte e oito de setembro de mil novecentos e cinquenta e quatro, em um só exemplar cujos textos inglês, espanhol e francês fazem igualmente fé e que será depositado nos arquivos da Organização das Nações Unidas, e cujas cópias autênticas serão remetidas a todos os Estados-membros das nações Unidas e aos Estados não membros mencionados no artigo 35.

ANEXO
Parágrafo 1

1. O documento de viagem mencionado no Artigo 28 desta Convenção deve indicar que o possuidor e apátrida no sentido da Convenção 28 de setembro de 1954.

2. Esse documento será redigido em duas língua pelo menos: uma delas será a língua inglesa ou a francesa.

3. Os Estados Contratantes examinarão a possibilidade de adotar um documento de viagem de acordo com o modelo anexo.

Parágrafo 2

Ressalvados os regulamentos do país de expedição, as crianças poderão ser mencionadas no documento de um dos país, ou, em circunstâncias excepcionais, de outro adulto.

Parágrafo 3

As taxas cobradas pela expedição do documento não excederão a tarifa mais baixa aplicada aos passaportes nacionais.

Parágrafo 4

Ressalvados casos especiais ou excepcionais, o documento será válido para o maior número possível de países.

Parágrafo 5

A duração da validade do documento será de três meses no mínimo e de dois anos no máximo

Parágrafo 6

1. A renovação ou prorrogação da validade do documento compete à assinatura que o expediu, enquanto o possuidor não se houver estabelecido regularmente em outro território e residir regularmente no território da referida autoridade. A expedição de novo documento compete, nas mesmas condições, à autoridade que expediu o documento anterior.

2. Os representantes diplomáticos ou consulares poderão ser autorizados a prorrogar, por um período que não ultrapassará seis meses, a validade dos documentos de viagem expedidos pelos seus respectivos governos.

3. Os Estados Contratantes examinarão com benevolência a possibilidade de renovar ou de prorrogar a validade dos documentos de viagem ou de expedir novos documentos a apátridas que já não residem regularmente no seu território nos casos em que esses apátridas não estejam em condições de obter um documento de viagem do país de sua residência regular.

Parágrafo 7

Os Estados Contratantes reconhecerão a validade dos documentos expedidos de acordo com as disposições de acordo com as disposições do Artigo 28 desta Convenção.

Parágrafo 8

As autoridades competentes do país para o qual a apátrida deseja ir aporão, se estiverem dispostas a admiti-lo, um visto no documento de que é possuidor, se tal visto for necessário.

Parágrafo 9

1. Os Estados Contratantes comprometem-se a dar vistos de trânsito aos apátridas que hajam obtidos o visto de um território de destino final.

2. A aposição desse visto poderá ser recusada por motivos que possam justificar a recusa de um visto a qualquer estrangeiros.

Parágrafo 10

Os emolumentos devidos pela aposição de vistos de saída, de admissão ou de trânsito não ultrapassarão a tarifa mais baixa cobrada pelos vistos em passaportes estrangeiros.

Parágrafo 11

No caso de um apátrida que mude de residência e se estabeleça regularmente no território de outro Estado Contratante, a responsabilidade de expedir novo documento caberá, nos termos de condições do Artigo 28, a autoridade competente do referido território, a qual o refugiado terá direito de apresentar seu pedido.

Parágrafo 12

A autoridade que expedir um novo documento reconhecerá o documento anterior e o devolverá ao país que o expediu, se o documento anterior especificar que deve ser devolvido ao país que o expediu; em caso contrário, a autoridade que expedir o documento novo reconhecerá e anulará o anterior.

Parágrafo 13

1. Qualquer documento de viagem expedido em virtude do Artigo 28 desta Convenção dará ao possuidor, salvo indicação em contrário, o direito de voltar ao território do Estado que expediu a qualquer momento durante o período de validade desse documento. Todavia, o período durante o qual o possuidor poderá voltar ao país que expediu o documento de viagem não poderá ser inferior a três meses, salvo quando o país ao qual o apátrida desejar ir não exigir que do documento de viagem conste o direito de readmissão.

2. Ressalvadas as disposições da alínea anterior, um Estado Contratante pode exigir que o possuidor desse documento se submeta a todas as formalidades que podem ser impostas aos que saem do país ou aos que a ele regressam.

Parágrafo 14

Ressalvadas apenas as estipulações do parágrafo 13, as disposições desse Anexo em nada afetam as leis e regulamentos que regem, nos territórios dos Estados Contratantes, as condições de admissão, de trânsito, de permanência, de estabelecimento e de saída.

Parágrafo 15

Nem a expedição do documento nem as anotações nele feitas determinam ou afetam o estatuto do possuidor, notadamente no que concerne à nacionalidade.

Parágrafo 16

A expedição do documento não dá ao possuidor nenhum direito à proteção dos representantes diplomáticos e consulares do país de expedição, e não confere "ipso facto" a esses representantes um direito de proteção.

DECRETO Nº 4.388, DE 25 DE SETEMBRO DE 2002

Promulga o Estatuto de Roma do Tribunal Penal Internacional.

O PRESIDENTE DA REPÚBLICA, no uso da atribuição que lhe confere o art. 84, inciso VIII, da Constituição,

Considerando que o Congresso Nacional aprovou o texto do Estatuto de Roma do Tribunal Penal Internacional, por meio do Decreto Legislativo no 112, de 6 de junho de 2002;

Considerando que o mencionado Ato Internacional entrou em vigor internacional em 1º de julho de 2002, e passou a vigorar, para o Brasil, em 1º de setembro de 2002, nos termos de seu art. 126;

Decreta:

Art. 1º. O Estatuto de Roma do Tribunal Penal Internacional, apenso por cópia ao presente Decreto, será executado e cumprido tão inteiramente como nele se contém.

Art. 2º. São sujeitos à aprovação do Congresso Nacional quaisquer atos que possam resultar em revisão do referido Acordo, assim como quaisquer ajustes complementares que, nos termos do art. 49, inciso I, da Constituição, acarretem encargos ou compromissos gravosos ao patrimônio nacional.

Art. 3º. Este Decreto entra em vigor na data de sua publicação.

Brasília, 25 de setembro de 2002; 181º da Independência e 114º da República.

Fernando Henrique Cardoso, Luiz Augusto Soint-Brisson de Araujo Castro

DOU de 26.9.2002

ESTATUTO DE ROMA DO TRIBUNAL PENAL INTERNACIONAL

Preâmbulo

Os Estados Partes no presente Estatuto.

Conscientes de que todos os povos estão unidos por laços comuns e de que suas culturas foram construídas sobre uma herança que partilham, e preocupados com o fato deste delicado mosaico poder vir a quebrar-se a qualquer instante,

Tendo presente que, no decurso deste século, milhões de crianças, homens e mulheres têm sido vítimas de atrocidades inimagináveis que chocam profundamente a consciência da humanidade,

Reconhecendo que crimes de uma tal gravidade constituem uma ameaça à paz, à segurança e ao bem-estar da humanidade,

Afirmando que os crimes de maior gravidade, que afetam a comunidade internacional no seu conjunto, não devem ficar impunes e que a sua repressão deve ser efetivamente assegurada através da adoção de medidas em nível nacional e do reforço da cooperação internacional,

Decididos a por fim à impunidade dos autores desses crimes e a contribuir assim para a prevenção de tais crimes,

Relembrando que é dever de cada Estado exercer a respectiva jurisdição penal sobre os responsáveis por crimes internacionais,

Reafirmando os Objetivos e Princípios consignados na Carta das Nações Unidas e, em particular, que todos os Estados se devem abster de recorrer à ameaça ou ao uso da força, contra a integridade territorial ou a independência política de qualquer Estado, ou de atuar por qualquer outra forma incompatível com os Objetivos das Nações Unidas,

Salientando, a este propósito, que nada no presente Estatuto deverá ser entendido como autorizando qualquer Estado Parte a intervir em um conflito armado ou nos assuntos internos de qualquer Estado,

Determinados em perseguir este objetivo e no interesse das gerações presentes e vindouras, a criar um Tribunal Penal Internacional com caráter permanente e independente, no âmbito do sistema das Nações Unidas, e com jurisdição sobre os crimes de maior gravidade que afetem a comunidade internacional no seu conjunto,

Sublinhando que o Tribunal Penal Internacional, criado pelo presente Estatuto, será complementar às jurisdições penais nacionais,

Decididos a garantir o respeito duradouro pela efetivação da justiça internacional,

Convieram no seguinte:

Capítulo I
CRIAÇÃO DO TRIBUNAL

Artigo 1º
O Tribunal

É criado, pelo presente instrumento, um Tribunal Penal Internacional ("o Tribunal"). O Tribunal será uma instituição permanente, com jurisdição sobre as pessoas responsáveis pelos crimes de maior gravidade com alcance internacional, de acordo com o presente Estatuto, e será complementar às jurisdições penais nacionais. A competência e o funcionamento do Tribunal reger-se-ão pelo presente Estatuto.

Artigo 2º
Relação do Tribunal com as Nações Unidas

A relação entre o Tribunal e as Nações Unidas será estabelecida através de um acordo a ser aprovado pela Assembleia dos Estados Partes no presente Estatuto e, em seguida, concluído pelo Presidente do Tribunal em nome deste.

Artigo 3º
Sede do Tribunal

1. A sede do Tribunal será na Haia, Países Baixos ("o Estado anfitrião").

2. O Tribunal estabelecerá um acordo de sede com o Estado anfitrião, a ser aprovado pela Assembleia dos Estados Partes e em seguida concluído pelo Presidente do Tribunal em nome deste.

3. Sempre que entender conveniente, o Tribunal poderá funcionar em outro local, nos termos do presente Estatuto.

Artigo 4º
Regime Jurídico e Poderes do Tribunal

1. O Tribunal terá personalidade jurídica internacional. Possuirá, igualmente, a capacidade jurídica necessária ao desempenho das suas funções e à prossecução dos seus objetivos.

2. O Tribunal poderá exercer os seus poderes e funções nos termos do presente Estatuto, no território de qualquer Estado Parte e, por acordo especial, no território de qualquer outro Estado.

Capítulo II
COMPETÊNCIA, ADMISSIBILIDADE E DIREITO APLICÁVEL

Artigo 5º
Crimes da Competência do Tribunal

1. A competência do Tribunal restringir-se-á aos crimes mais graves, que afetam a comunidade internacional no seu conjunto. Nos termos do presente Estatuto, o Tribunal terá competência para julgar os seguintes crimes:

a) O crime de genocídio;

b) Crimes contra a humanidade;

c) Crimes de guerra;

d) O crime de agressão.

2. O Tribunal poderá exercer a sua competência em relação ao crime de agressão desde que, nos termos dos artigos 121 e 123, seja aprovada uma disposição em que se defina o crime e se enunciem as condições em que o Tribunal terá competência relativamente a este crime. Tal disposição deve ser compatível com as disposições pertinentes da Carta das Nações Unidas.

Artigo 6º
Crime de Genocídio

Para os efeitos do presente Estatuto, entende-se por "genocídio", qualquer um dos atos que a seguir se enumeram, praticado com intenção de destruir, no todo ou em parte, um grupo nacional, étnico, racial ou religioso, enquanto tal:

a) Homicídio de membros do grupo;

b) Ofensas graves à integridade física ou mental de membros do grupo;

c) Sujeição intencional do grupo a condições de vida com vista a provocar a sua destruição física, total ou parcial;

d) Imposição de medidas destinadas a impedir nascimentos no seio do grupo;

e) Transferência, à força, de crianças do grupo para outro grupo.

Artigo 7º
Crimes contra a Humanidade

1. Para os efeitos do presente Estatuto, entende-se por "crime contra a humanidade", qualquer um dos atos seguintes, quando cometido no quadro de um ataque, generalizado ou sistemático, contra qualquer população civil, havendo conhecimento desse ataque:

a) Homicídio;

b) Extermínio;

c) Escravidão;

d) Deportação ou transferência forçada de uma população;

e) Prisão ou outra forma de privação da liberdade física grave, em violação das normas fundamentais de direito internacional;

f) Tortura;

g) Agressão sexual, escravatura sexual, prostituição forçada, gravidez forçada, esterilização forçada ou qualquer outra forma de violência no campo sexual de gravidade comparável;

h) Perseguição de um grupo ou coletividade que possa ser identificado, por motivos políticos, raciais, nacionais, étnicos, culturais, religiosos ou de gênero, tal como definido no parágrafo 3º, ou em função de outros critérios universalmente reconhecidos como inaceitáveis no direito internacional, relacionados com qualquer ato referido neste parágrafo ou com qualquer crime da competência do Tribunal;

i) Desaparecimento forçado de pessoas;

j) Crime de *apartheid;*

k) Outros atos desumanos de caráter semelhante, que causem intencionalmente grande sofrimento, ou afetem gravemente a integridade física ou a saúde física ou mental.

2. Para efeitos do parágrafo 1º:

a) Por "ataque contra uma população civil" entende-se qualquer conduta que envolva a prática múltipla de atos referidos no parágrafo 1º contra uma população civil, de acordo com a política de um Estado ou de uma organização de praticar esses atos ou tendo em vista a prossecução dessa política;

b) O "extermínio" compreende a sujeição intencional a condições de vida, tais como a privação do acesso a alimentos ou medicamentos, com vista a causar a destruição de uma parte da população;

c) Por "escravidão" entende-se o exercício, relativamente a uma pessoa, de um poder ou de um conjunto de poderes que traduzam um direito de propriedade sobre uma pessoa, incluindo o exercício desse poder no âmbito do tráfico de pessoas, em particular mulheres e crianças;

d) Por "deportação ou transferência à força de uma população" entende-se o deslocamento forçado de pessoas, através da expulsão ou outro ato coercivo, da zona em que se encontram legalmente, sem qualquer motivo reconhecido no direito internacional;

e) Por "tortura" entende-se o ato por meio do qual uma dor ou sofrimentos agudos, físicos ou mentais, são intencionalmente causados a uma pessoa que esteja sob a custódia ou o controle do acusado; este termo não compreende a dor ou os sofrimentos resultantes unicamente de sanções legais, inerentes a essas sanções ou por elas ocasionadas;

f) Por "gravidez à força" entende-se a privação ilegal de liberdade de uma mulher que foi engravidada à força, com o propósito de alterar a composição étnica de uma população ou de cometer outras violações graves do direito internacional. Esta definição não pode, de modo algum, ser interpretada como afetando as disposições de direito interno relativas à gravidez;

g) Por "perseguição" entende-se a privação intencional e grave de direitos fundamentais em violação do direito internacional, por motivos relacionados com a identidade do grupo ou da coletividade em causa;

h) Por "crime de *apartheid*" entende-se qualquer ato desumano análogo aos referidos no parágrafo 1°, praticado no contexto de um regime institucionalizado de opressão e domínio sistemático de um grupo racial sobre um ou outros grupos nacionais e com a intenção de manter esse regime;

i) Por "desaparecimento forçado de pessoas" entende-se a detenção, a prisão ou o sequestro de pessoas por um Estado ou uma organização política ou com a autorização, o apoio ou a concordância destes, seguidos de recusa a reconhecer tal estado de privação de liberdade ou a prestar qualquer informação sobre a situação ou localização dessas pessoas, com o propósito de lhes negar a proteção da lei por um prolongado período de tempo.

3. Para efeitos do presente Estatuto, entende-se que o termo "gênero" abrange os sexos masculino e feminino, dentro do contexto da sociedade, não lhe devendo ser atribuído qualquer outro significado.

Artigo 8º
Crimes de Guerra

1. O Tribunal terá competência para julgar os crimes de guerra, em particular quando cometidos como parte integrante de um plano ou de uma política ou como parte de uma prática em larga escala desse tipo de crimes.

2. Para os efeitos do presente Estatuto, entende-se por "crimes de guerra":

a) As violações graves às Convenções de Genebra, de 12 de Agosto de 1949, a saber, qualquer um dos seguintes atos, dirigidos contra pessoas ou bens protegidos nos termos da Convenção de Genebra que for pertinente:

i) Homicídio doloso;

ii) Tortura ou outros tratamentos desumanos, incluindo as experiências biológicas;

iii) O ato de causar intencionalmente grande sofrimento ou ofensas graves à integridade física ou à saúde;

iv) Destruição ou a apropriação de bens em larga escala, quando não justificadas por quaisquer necessidades militares e executadas de forma ilegal e arbitrária;

v) O ato de compelir um prisioneiro de guerra ou outra pessoa sob proteção a servir nas forças armadas de uma potência inimiga;

vi) Privação intencional de um prisioneiro de guerra ou de outra pessoa sob proteção do seu direito a um julgamento justo e imparcial;

vii) Deportação ou transferência ilegais, ou a privação ilegal de liberdade;

viii) Tomada de reféns;

b) Outras violações graves das leis e costumes aplicáveis em conflitos armados internacionais no âmbito do direito internacional, a saber, qualquer um dos seguintes atos:

i) Dirigir intencionalmente ataques à população civil em geral ou civis que não participem diretamente nas hostilidades;

ii) Dirigir intencionalmente ataques a bens civis, ou seja bens que não sejam objetivos militares;

iii) Dirigir intencionalmente ataques ao pessoal, instalações, material, unidades ou veículos que participem numa missão de manutenção da paz ou de assistência humanitária, de acordo com a Carta das Nações Unidas, sempre que estes tenham direito à proteção conferida aos civis ou aos bens civis pelo direito internacional aplicável aos conflitos armados;

iv) Lançar intencionalmente um ataque, sabendo que o mesmo causará perdas acidentais de vidas humanas ou ferimentos na população civil, danos em bens de caráter civil ou prejuízos extensos, duradouros e graves no meio ambiente que se revelem claramente excessivos em relação à vantagem militar global concreta e direta que se previa;

v) Atacar ou bombardear, por qualquer meio, cidades, vilarejos, habitações ou edifícios que não estejam defendidos e que não sejam objetivos militares;

vi) Matar ou ferir um combatente que tenha deposto armas ou que, não tendo mais meios para se defender, se tenha incondicionalmente rendido;

vii) Utilizar indevidamente uma bandeira de trégua, a bandeira nacional, as insígnias militares ou o uniforme do inimigo ou das Nações Unidas, assim como os emblemas distintivos das Convenções de Genebra, causando deste modo a morte ou ferimentos graves;

viii) A transferência, direta ou indireta, por uma potência ocupante de parte da sua população civil para o território que ocupa ou a deportação ou transferência da totalidade ou de parte da população do território ocupado, dentro ou para fora desse território;

ix) Dirigir intencionalmente ataques a edifícios consagrados ao culto religioso, à educação, às artes, às ciências ou à beneficência, monumentos históricos, hospitais e lugares onde se agrupem doentes e feridos, sempre que não se trate de objetivos militares;

x) Submeter pessoas que se encontrem sob o domínio de uma parte beligerante a mutilações físicas ou a qualquer tipo de experiências médicas ou científicas que não sejam motivadas por um tratamento médico, dentário ou hospitalar, nem sejam efetuadas no interesse dessas pessoas, e que causem a morte ou coloquem seriamente em perigo a sua saúde;

xi) Matar ou ferir à traição pessoas pertencentes à nação ou ao exército inimigo;

xii) Declarar que não será dado quartel;

xiii) Destruir ou apreender bens do inimigo, a menos que tais destruições ou apreensões sejam imperativamente determinadas pelas necessidades da guerra;

xiv) Declarar abolidos, suspensos ou não admissíveis em tribunal os direitos e ações dos nacionais da parte inimiga;

xv) Obrigar os nacionais da parte inimiga a participar em operações bélicas dirigidas contra o seu próprio país, ainda que eles tenham estado ao serviço daquela parte beligerante antes do início da guerra;

xvi) Saquear uma cidade ou uma localidade, mesmo quando tomada de assalto;

xvii) Utilizar veneno ou armas envenenadas;

xviii) Utilizar gases asfixiantes, tóxicos ou outros gases ou qualquer líquido, material ou dispositivo análogo;

xix) Utilizar balas que se expandem ou achatam facilmente no interior do corpo humano, tais como balas de revestimento duro que não cobre totalmente o interior ou possui incisões;

xx) Utilizar armas, projéteis; materiais e métodos de combate que, pela sua própria natureza, causem ferimentos supérfluos ou sofrimentos desnecessários ou que surtam efeitos indiscriminados, em violação do direito internacional aplicável aos conflitos armados, na medida em que tais armas, projéteis, materiais e métodos de combate sejam objeto de uma proibição geral e estejam incluídos em um anexo ao presente Estatuto, em virtude de uma alteração aprovada em conformidade com o disposto nos artigos 121 e 123;

xxi) Ultrajar a dignidade da pessoa, em particular por meio de tratamentos humilhantes e degradantes;

xxii) Cometer atos de violação, escravidão sexual, prostituição forçada, gravidez à força, tal como definida na alínea *f)* do parágrafo 2º do artigo 7º, esterilização à força e qualquer outra forma de violência sexual que constitua também um desrespeito grave às Convenções de Genebra;

xxiii) Utilizar a presença de civis ou de outras pessoas protegidas para evitar que determinados pontos, zonas ou forças militares sejam alvo de operações militares;

xxiv) Dirigir intencionalmente ataques a edifícios, material, unidades e veículos sanitários, assim como o pessoal que esteja usando os emblemas distintivos das Convenções de Genebra, em conformidade com o direito internacional;

xxv) Provocar deliberadamente a inanição da população civil como método de guerra, privando-a dos bens indispensáveis à sua sobrevivência, impedindo, inclusive, o envio de socorros, tal como previsto nas Convenções de Genebra;

xxvi) Recrutar ou alistar menores de 15 anos nas forças armadas nacionais ou utilizá-los para participar ativamente nas hostilidades;

c) Em caso de conflito armado que não seja de índole internacional, as violações graves do artigo 3º comum às quatro Convenções de Genebra, de 12 de Agosto de 1949, a saber, qualquer um dos atos que a seguir se indicam, cometidos contra pessoas que não participem diretamente nas hostilidades, incluindo os membros das forças armadas que tenham deposto armas e os que tenham ficado impedidos de continuar a combater devido a doença, lesões, prisão ou qualquer outro motivo:

i) Atos de violência contra a vida e contra a pessoa, em particular o homicídio sob todas as suas formas, as mutilações, os tratamentos cruéis e a tortura;

ii) Ultrajes à dignidade da pessoa, em particular por meio de tratamentos humilhantes e degradantes;

iii) A tomada de reféns;

iv) As condenações proferidas e as execuções efetuadas sem julgamento prévio por um tribunal regularmente constituído e que ofereça todas as garantias judiciais geralmente reconhecidas como indispensáveis.

d) A alínea *c)* do parágrafo 2º do presente artigo aplica-se aos conflitos armados que não tenham caráter internacional e, por conseguinte, não se aplica a situações de distúrbio e de tensão internas, tais como motins, atos de violência esporádicos ou isolados ou outros de caráter semelhante;

e) As outras violações graves das leis e costumes aplicáveis aos conflitos armados que não têm caráter internacional, no quadro do direito internacional, a saber qualquer um dos seguintes atos:

i) Dirigir intencionalmente ataques à população civil em geral ou civis que não participem diretamente nas hostilidades;

ii) Dirigir intencionalmente ataques a edifícios, material, unidades e veículos sanitários, bem como ao pessoal que esteja usando os emblemas distintivos das Convenções de Genebra, em conformidade com o direito internacional;

iii) Dirigir intencionalmente ataques ao pessoal, instalações, material, unidades ou veículos que participem numa missão de manutenção da paz ou de assistência humanitária, de acordo com a Carta das Nações Unidas, sempre que estes tenham direito à proteção conferida pelo direito internacional dos conflitos armados aos civis e aos bens civis;

iv) Atacar intencionalmente edifícios consagrados ao culto religioso, à educação, às artes, às ciências ou à beneficência, monumentos históricos, hospitais e lugares onde se agrupem doentes e feridos, sempre que não se trate de objetivos militares;

v) Saquear um aglomerado populacional ou um local, mesmo quando tomado de assalto;

vi) Cometer atos de agressão sexual, escravidão sexual, prostituição forçada, gravidez à força, tal como definida na alínea *f* do parágrafo 2º do artigo 7º; esterilização à força ou qualquer outra forma de violência sexual que constitua uma violação grave do artigo 3º comum às quatro Convenções de Genebra;

vii) Recrutar ou alistar menores de 15 anos nas forças armadas nacionais ou em grupos, ou utilizá-los para participar ativamente nas hostilidades;

viii) Ordenar a deslocação da população civil por razões relacionadas com o conflito, salvo se assim o exigirem a segurança dos civis em questão ou razões militares imperiosas;

ix) Matar ou ferir à traição um combatente de uma parte beligerante;

x) Declarar que não será dado quartel;

xi) Submeter pessoas que se encontrem sob o domínio de outra parte beligerante a mutilações físicas ou a qualquer tipo de experiências médicas ou científicas que não sejam motivadas por um tratamento médico, dentário ou hospitalar nem sejam efetuadas no interesse dessa pessoa, e que causem a morte ou ponham seriamente a sua saúde em perigo;

xii) Destruir ou apreender bens do inimigo, a menos que as necessidades da guerra assim o exijam;

f) A alínea *e)* do parágrafo 2º do presente artigo aplicar-se-á aos conflitos armados que não tenham caráter internacional e, por conseguinte, não se aplicará a situações de distúrbio e de tensão internas, tais como motins, atos de violência esporádicos ou isolados ou outros de caráter semelhante; aplicar-se-á, ainda, a conflitos armados que tenham lugar no território de um Estado, quando exista um conflito armado prolongado entre as autoridades governamentais e grupos armados organizados ou entre estes grupos.

3. O disposto nas alíneas *c)* e *e)* do parágrafo 2º, em nada afetará a responsabilidade que incumbe a todo o Governo de manter e de restabelecer a ordem pública no Estado, e de defender a unidade e a integridade territorial do Estado por qualquer meio legítimo.

Artigo 9º
Elementos Constitutivos dos Crimes

1. Os elementos constitutivos dos crimes que auxiliarão o Tribunal a interpretar e a aplicar os artigos 6º, 7º e 8º do presente Estatuto, deverão ser adotados por uma maioria de dois terços dos membros da Assembleia dos Estados Partes.

2. As alterações aos elementos constitutivos dos crimes poderão ser propostas por:

a) Qualquer Estado Parte;

b) Os juízes, através de deliberação tomada por maioria absoluta;

c) O Procurador.

As referidas alterações entram em vigor depois de aprovadas por uma maioria de dois terços dos membros da Assembleia dos Estados Partes.

3. Os elementos constitutivos dos crimes e respectivas alterações deverão ser compatíveis com as disposições contidas no presente Estatuto.

Artigo 10

Nada no presente capítulo deverá ser interpretado como limitando ou afetando, de alguma maneira, as normas existentes ou em desenvolvimento de direito internacional com fins distintos dos do presente Estatuto.

Artigo 11
Competência *Ratione Temporis*

1. O Tribunal só terá competência relativamente aos crimes cometidos após a entrada em vigor do presente Estatuto.

2. Se um Estado se tornar Parte no presente Estatuto depois da sua entrada em vigor, o Tribunal só poderá exercer a sua competência em relação a crimes cometidos depois da entrada em vigor do presente Estatuto relativamente a esse Estado, a menos que este tenha feito uma declaração nos termos do parágrafo 3º do artigo 12.

Artigo 12
Condições Prévias ao Exercício da Jurisdição

1. O Estado que se torne Parte no presente Estatuto, aceitará a jurisdição do Tribunal relativamente aos crimes a que se refere o artigo 5º.

2. Nos casos referidos nos parágrafos *a*) ou *c)* do artigo 13, o Tribunal poderá exercer a sua jurisdição se um ou mais Estados a seguir identificados forem Partes no presente Estatuto ou aceitarem a competência do Tribunal de acordo com o disposto no parágrafo 3º:

a) Estado em cujo território tenha tido lugar a conduta em causa, ou, se o crime tiver sido cometido a bordo de um navio ou de uma aeronave, o Estado de matrícula do navio ou aeronave;

b) Estado de que seja nacional a pessoa a quem é imputado um crime.

3. Se a aceitação da competência do Tribunal por um Estado que não seja Parte no presente Estatuto for necessária nos termos do parágrafo 2º, pode o referido Estado, mediante declaração depositada junto do Secretário, consentir em que o Tribunal exerça a sua competência em relação ao crime em questão. O Estado que tiver aceito a competência do Tribunal colaborará com este, sem qualquer demora ou exceção, de acordo com o disposto no Capítulo IX.

Artigo 13
Exercício da Jurisdição

O Tribunal poderá exercer a sua jurisdição em relação a qualquer um dos crimes a que se refere o artigo 5º, de acordo com o disposto no presente Estatuto, se:

a) Um Estado Parte denunciar ao Procurador, nos termos do artigo 14, qualquer situação em que haja indícios de ter ocorrido a prática de um ou vários desses crimes;

b) O Conselho de Segurança, agindo nos termos do Capítulo VII da Carta das Nações Unidas, denunciar ao Procurador qualquer situação em que haja indícios de ter ocorrido a prática de um ou vários desses crimes; ou

c) O Procurador tiver dado início a um inquérito sobre tal crime, nos termos do disposto no artigo 15.

Artigo 14
Denúncia por um Estado Parte

1. Qualquer Estado Parte poderá denunciar ao Procurador uma situação em que haja indícios de ter ocorrido a prática de um ou vários crimes da competência do Tribunal e solicitar ao Procurador que a investigue, com vista a determinar se uma ou mais pessoas identificadas deverão ser acusadas da prática desses crimes.

2. O Estado que proceder à denúncia deverá, tanto quanto possível, especificar as circunstâncias relevantes do caso e anexar toda a documentação de que disponha.

Artigo 15
Procurador

1. O Procurador poderá, por sua própria iniciativa, abrir um inquérito com base em informações sobre a prática de crimes da competência do Tribunal.

2. O Procurador apreciará a seriedade da informação recebida. Para tal, poderá recolher informações suplementares junto aos Estados, aos órgãos da Organização das Nações Unidas, às Organizações Intergovernamentais ou Não Governamentais ou outras fontes fidedignas que considere apropriadas, bem como recolher depoimentos escritos ou orais na sede do Tribunal.

3. Se concluir que existe fundamento suficiente para abrir um inquérito, o Procurador apresentará um pedido de autorização nesse sentido ao Juízo de Instrução, acompanhado da documentação de apoio que tiver reunido. As vítimas poderão apresentar representações no Juízo de Instrução, de acordo com o Regulamento Processual.

4. Se, após examinar o pedido e a documentação que o acompanha, o Juízo de Instrução considerar que há fundamento suficiente para abrir um Inquérito e que o caso parece caber na jurisdição do Tribunal, autorizará a abertura do inquérito, sem prejuízo das decisões que o Tribunal vier a tomar posteriormente em matéria de competência e de admissibilidade.

5. A recusa do Juízo de Instrução em autorizar a abertura do inquérito não impedirá o Procurador de formular ulteriormente outro pedido com base em novos fatos ou provas respeitantes à mesma situação.

6. Se, depois da análise preliminar a que se referem os parágrafos 1º e 2º, o Procurador concluir que a informação apresentada não constitui fundamento suficiente para um inquérito, o Procurador informará quem a tiver apresentado de tal entendimento. Tal não impede que o Procurador examine, à luz de novos fatos ou provas, qualquer outra informação que lhe venha a ser comunicada sobre o mesmo caso.

Artigo 16
Adiamento do Inquérito e do Procedimento Criminal

Nenhum inquérito ou procedimento crime poderá ter início ou prosseguir os seus termos, com base no presente Estatuto, por um período de doze meses a contar da data em que o Conselho de Segurança assim o tiver solicitado em resolução aprovada nos termos do disposto no Capítulo VII da Carta das Nações Unidas; o pedido poderá ser renovado pelo Conselho de Segurança nas mesmas condições.

Artigo 17
Questões Relativas à Admissibilidade

1. Tendo em consideração o décimo parágrafo do preâmbulo e o artigo 1º, o Tribunal decidirá sobre a não admissibilidade de um caso se:

a) O caso for objeto de inquérito ou de procedimento criminal por parte de um Estado que tenha jurisdição sobre o mesmo, salvo se este não tiver vontade de levar a cabo o inquérito ou o procedimento ou, não tenha capacidade para o fazer;

b) O caso tiver sido objeto de inquérito por um Estado com jurisdição sobre ele e tal Estado tenha decidido não dar seguimento ao procedimento criminal contra a pessoa em causa, a menos que esta decisão resulte do fato de esse Estado não ter vontade de proceder criminalmente ou da sua incapacidade real para o fazer;

c) A pessoa em causa já tiver sido julgada pela conduta a que se refere a denúncia, e não puder ser julgada pelo Tribunal em virtude do disposto no parágrafo 3º do artigo 20;

d) O caso não for suficientemente grave para justificar a ulterior intervenção do Tribunal.

2. A fim de determinar se há ou não vontade de agir num determinado caso, o Tribunal, tendo em consideração as garantias de um processo equitativo reconhecidas pelo direito internacional, verificará a existência de uma ou mais das seguintes circunstâncias:

a) O processo ter sido instaurado ou estar pendente ou a decisão ter sido proferida no Estado com o propósito de subtrair a pessoa em causa à sua responsabilidade criminal por crimes da competência do Tribunal, nos termos do disposto no artigo 5º;

b) Ter havido demora injustificada no processamento, a qual, dadas as circunstâncias, se mostra incompatível com a intenção de fazer responder a pessoa em causa perante a justiça;

c) O processo não ter sido ou não estar sendo conduzido de maneira independente ou imparcial, e ter estado ou estar sendo conduzido de uma maneira que, dadas as circunstâncias, seja incompatível com a intenção de levar a pessoa em causa perante a justiça;

3. A fim de determinar se há incapacidade de agir num determinado caso, o Tribunal verificará se o Estado, por colapso total ou substancial da respectiva administração da justiça ou por indisponibilidade desta, não estará em condições de fazer comparecer o acusado, de reunir os meios de prova e depoimentos necessários ou não estará, por outros motivos, em condições de concluir o processo.

Artigo 18
Decisões Preliminares sobre Admissibilidade

1. Se uma situação for denunciada ao Tribunal nos termos do artigo 13, parágrafo *a)*, e o Procurador determinar que existem fundamentos para abrir um inquérito ou der início a um inquérito de acordo com os artigos 13, parágrafo *c)* e 15, deverá notificar todos os Estados Partes e os Estados que, de acordo com a informação disponível, teriam jurisdição sobre esses crimes. O Procurador poderá proceder à notificação a título confidencial e, sempre que o considere necessário com vista a proteger pessoas, impedir a destruição de provas ou a fuga de pessoas, poderá limitar o âmbito da informação a transmitir aos Estados.

2. No prazo de um mês após a recepção da referida notificação, qualquer Estado poderá informar o Tribunal de que está procedendo, ou já procedeu, a um inquérito sobre nacionais seus ou outras pessoas sob a sua jurisdição, por atos que possam constituir crimes a que se refere o artigo 5º e digam respeito à informação constante na respectiva notificação. A pedido desse Estado, o Procurador transferirá para ele o inquérito sobre essas pessoas, a menos que, a pedido do Procurador, o Juízo de Instrução decida autorizar o inquérito.

3. A transferência do inquérito poderá ser reexaminada pelo Procurador seis meses após a data em que tiver sido decidida ou, a todo o momento, quando tenha ocorrido uma alteração significativa de circunstâncias, decorrente da falta de vontade ou da incapacidade efetiva do Estado de levar a cabo o inquérito.

4. O Estado interessado ou o Procurador poderão interpor recurso para o Juízo de Recursos da decisão proferida por um Juízo de Instrução, tal como previsto no artigo 82. Este recurso poderá seguir uma forma sumária.

5. Se o Procurador transferir o inquérito, nos termos do parágrafo 2º, poderá solicitar ao Estado interessado que o informe periodicamente do andamento do mesmo e de qualquer outro procedimento subsequente. Os Estados Partes responderão a estes pedidos sem atrasos injustificados.

6. O Procurador poderá, enquanto aguardar uma decisão a proferir no Juízo de Instrução, ou a todo o momento se tiver transferido o inquérito nos termos do presente artigo, solicitar ao tribunal de instrução, a título excepcional, que o autorize a efetuar as investigações que considere necessárias para preservar elementos de prova, quando exista uma oportunidade única de obter provas relevantes ou um risco significativo de que essas provas possam não estar disponíveis numa fase ulterior.

7. O Estado que tenha recorrido de uma decisão do Juízo de Instrução nos termos do presente artigo poderá impugnar a admissibilidade de um caso nos termos do artigo 19, invocando fatos novos relevantes ou uma alteração significativa de circunstâncias.

Artigo 19
Impugnação da Jurisdição do Tribunal ou da Admissibilidade do Caso

1. O Tribunal deverá certificar-se de que detém jurisdição sobre todos os casos que lhe sejam submetidos. O Tribunal poderá pronunciar-se de ofício sobre a admissibilidade do caso em conformidade com o artigo 17.

2. Poderão impugnar a admissibilidade do caso, por um dos motivos referidos no artigo 17, ou impugnar a jurisdição do Tribunal:

a) O acusado ou a pessoa contra a qual tenha sido emitido um mandado ou ordem de detenção ou de comparecimento, nos termos do artigo 58;

b) Um Estado que detenha o poder de jurisdição sobre um caso, pelo fato de o estar investigando ou julgando, ou por já o ter feito antes; ou

c) Um Estado cuja aceitação da competência do Tribunal seja exigida, de acordo com o artigo 12.

3. O Procurador poderá solicitar ao Tribunal que se pronuncie sobre questões de jurisdição ou admissibilidade. Nas ações relativas a jurisdição ou admissibilidade, aqueles que tiverem denunciado um caso ao abrigo do artigo 13, bem como as vítimas, poderão também apresentar as suas observações ao Tribunal.

4. A admissibilidade de um caso ou a jurisdição do Tribunal só poderão ser impugnadas uma única vez por qualquer pessoa ou Estado a que se faz referência no parágrafo 2º. A impugnação deverá ser feita antes do julgamento ou no seu início. Em circunstâncias excepcionais, o Tribunal poderá autorizar que a impugnação se faça mais de uma vez ou depois do início do julgamento. As impugnações à admissibilidade de um caso feitas no início do julgamento, ou posteriormente com a autorização do Tribunal, só poderão fundamentar-se no disposto no parágrafo 1º, alínea *c)* do artigo 17.

5. Os Estados a que se referem as alíneas *b)* e *c)* do parágrafo 2º do presente artigo deverão deduzir impugnação logo que possível.

6. Antes da confirmação da acusação, a impugnação da admissibilidade de um caso ou da jurisdição do Tribunal será submetida ao Juízo de Instrução e, após confirmação, ao Juízo de Julgamento em Primeira Instância. Das decisões relativas à jurisdição ou admissibilidade caberá recurso para o Juízo de Recursos, de acordo com o artigo 82.

7. Se a impugnação for feita pelo Estado referido nas alíneas *b)* e *c)* do parágrafo 2º, o Procurador suspenderá o inquérito até que o Tribunal decida em conformidade com o artigo 17.

8. Enquanto aguardar uma decisão, o Procurador poderá solicitar ao Tribunal autorização para:

a) Proceder às investigações necessárias previstas no parágrafo 6º do artigo 18;

b) Recolher declarações ou o depoimento de uma testemunha ou completar o recolhimento e o exame das provas que tenha iniciado antes da impugnação; e

c) Impedir, em colaboração com os Estados interessados, a fuga de pessoas em relação às quais já tenha solicitado um mandado de detenção, nos termos do artigo 58.

9. A impugnação não afetará a validade de nenhum ato realizado pelo Procurador, nem de nenhuma decisão ou mandado anteriormente emitido pelo Tribunal.

10. Se o Tribunal tiver declarado que um caso não é admissível, de acordo com o artigo 17, o Procurador poderá pedir a revisão dessa decisão, após se ter certificado de que surgiram novos fatos que invalidam os motivos pelos quais o caso havia sido considerado inadmissível nos termos do artigo 17.

11. Se o Procurador, tendo em consideração as questões referidas no artigo 17, decidir transferir um inquérito, poderá pedir ao Estado em questão que o mantenha informado do seguimento do processo. Esta informação deverá, se esse Estado o solicitar, ser mantida confidencial. Se o Procurador decidir, posteriormente, abrir um inquérito, comunicará a sua decisão ao Estado para o qual foi transferido o processo.

Artigo 20
Ne bis in idem

1. Salvo disposição contrária do presente Estatuto, nenhuma pessoa poderá ser julgada pelo Tribunal por atos constitutivos de crimes pelos quais este já a tenha condenado ou absolvido.

2. Nenhuma pessoa poderá ser julgada por outro tribunal por um crime mencionado no artigo 5°, relativamente ao qual já tenha sido condenada ou absolvida pelo Tribunal.

3. O Tribunal não poderá julgar uma pessoa que já tenha sido julgada por outro tribunal, por atos também punidos pelos artigos 6º, 7º ou 8º, a menos que o processo nesse outro tribunal:

a) Tenha tido por objetivo subtrair o acusado à sua responsabilidade criminal por crimes da competência do Tribunal; ou

b) Não tenha sido conduzido de forma independente ou imparcial, em conformidade com as garantias de um processo equitativo reconhecidas pelo direito internacional, ou tenha sido conduzido de uma maneira que, no caso concreto, se revele incompatível com a intenção de submeter a pessoa à ação da justiça.

Artigo 21
Direito Aplicável

1. O Tribunal aplicará:

a) Em primeiro lugar, o presente Estatuto, os Elementos Constitutivos do Crime e o Regulamento Processual;

b) Em segundo lugar, se for o caso, os tratados e os princípios e normas de direito internacional aplicáveis, incluindo os princípios estabelecidos no direito internacional dos conflitos armados;

c) Na falta destes, os princípios gerais do direito que o Tribunal retire do direito interno dos diferentes sistemas jurídicos existentes, incluindo, se for o caso, o direito interno dos Estados que exerceriam normalmente a sua jurisdição relativamente ao crime, sempre que esses princípios não sejam incompatíveis com o presente Estatuto, com o direito internacional, nem com as normas e padrões internacionalmente reconhecidos.

2. O Tribunal poderá aplicar princípios e normas de direito tal como já tenham sido por si interpretados em decisões anteriores.

3. A aplicação e interpretação do direito, nos termos do presente artigo, deverá ser compatível com os direitos humanos internacionalmente reconhecidos, sem discriminação alguma baseada em motivos tais como o gênero, definido no parágrafo 3º do artigo 7º, a idade, a raça, a cor, a religião ou o credo, a opinião política ou outra, a origem nacional, étnica ou social, a situação econômica, o nascimento ou outra condição.

Capítulo III
PRINCÍPIOS GERAIS DE DIREITO PENAL

Artigo 22
Nullum crimen sine leqe

1. Nenhuma pessoa será considerada criminalmente responsável, nos termos do presente Estatuto, a menos que a sua conduta constitua, no momento em que tiver lugar, um crime da competência do Tribunal.

2. A previsão de um crime será estabelecida de forma precisa e não será permitido o recurso à analogia. Em caso de ambiguidade, será interpretada a favor da pessoa objeto de inquérito, acusada ou condenada.

3. O disposto no presente artigo em nada afetará a tipificação de uma conduta como crime nos termos do direito internacional, independentemente do presente Estatuto.

Artigo 23
Nulla poena sine lege

Qualquer pessoa condenada pelo Tribunal só poderá ser punida em conformidade com as disposições do presente Estatuto.

Artigo 24
Não retroatividade *ratione personae*

1. Nenhuma pessoa será considerada criminalmente responsável, de acordo com o presente Estatuto, por uma conduta anterior à entrada em vigor do presente Estatuto.

2. Se o direito aplicável a um caso for modificado antes de proferida sentença definitiva, aplicar-se-á o direito mais favorável à pessoa objeto de inquérito, acusada ou condenada.

Artigo 25
Responsabilidade Criminal Individual

1. De acordo com o presente Estatuto, o Tribunal será competente para julgar as pessoas físicas.

2. Quem cometer um crime da competência do Tribunal será considerado individualmente responsável e poderá ser punido de acordo com o presente Estatuto.

3. Nos termos do presente Estatuto, será considerado criminalmente responsável e poderá ser punido pela prática de um crime da competência do Tribunal quem:

a) Cometer esse crime individualmente ou em conjunto ou por intermédio de outrem, quer essa pessoa seja, ou não, criminalmente responsável;

b) Ordenar, solicitar ou instigar à prática desse crime, sob forma consumada ou sob a forma de tentativa;

c) Com o propósito de facilitar a prática desse crime, for cúmplice ou encobridor, ou colaborar de algum modo na prática ou na tentativa de prática do crime, nomeadamente pelo fornecimento dos meios para a sua prática;

d) Contribuir de alguma outra forma para a prática ou tentativa de prática do crime por um grupo de pessoas que tenha um objetivo comum. Esta contribuição deverá ser intencional e ocorrer, conforme o caso:

i) Com o propósito de levar a cabo a atividade ou o objetivo criminal do grupo, quando um ou outro impliquem a prática de um crime da competência do Tribunal; ou

ii) Com o conhecimento da intenção do grupo de cometer o crime;

e) No caso de crime de genocídio, incitar, direta e publicamente, à sua prática;

f) Tentar cometer o crime mediante atos que contribuam substancialmente para a sua execução, ainda que não se venha a consumar devido a circunstâncias alheias à sua vontade. Porém, quem desistir da prática do crime, ou impedir de outra forma que este se consuma, não poderá ser punido em conformidade com o presente Estatuto pela tentativa, se renunciar total e voluntariamente ao propósito delituoso.

4. O disposto no presente Estatuto sobre a responsabilidade criminal das pessoas físicas em nada afetará a responsabilidade do Estado, de acordo com o direito internacional.

Artigo 26
Exclusão da Jurisdição Relativamente a Menores de 18 anos

O Tribunal não terá jurisdição sobre pessoas que, à data da alegada prática do crime, não tenham ainda completado 18 anos de idade.

Artigo 27
Irrelevância da Qualidade Oficial

1. O presente Estatuto será aplicável de forma igual a todas as pessoas sem distinção alguma baseada na qualidade oficial. Em particular, a qualidade oficial de Chefe de Estado ou de Governo, de membro de Governo ou do Parlamento, de representante eleito ou de funcionário público, em caso algum eximirá a pessoa em causa de responsabilidade criminal nos termos do presente Estatuto, nem constituirá de *per se* motivo de redução da pena.

2. As imunidades ou normas de procedimento especiais decorrentes da qualidade oficial de uma pessoa; nos termos do direito interno ou do direito internacional, não deverão obstar a que o Tribunal exerça a sua jurisdição sobre essa pessoa.

Artigo 28
Responsabilidade dos Chefes Militares e Outros Superiores Hierárquicos

Além de outras fontes de responsabilidade criminal previstas no presente Estatuto, por crimes da competência do Tribunal:

a) O chefe militar, ou a pessoa que atue efetivamente como chefe militar, será criminalmente responsável por crimes da competência do Tribunal que tenham sido cometidos por forças sob o seu comando e controle efetivos ou sob a sua autoridade e controle efetivos, conforme o caso, pelo fato de não exercer um controle apropriado sobre essas forças quando:

i) Esse chefe militar ou essa pessoa tinha conhecimento ou, em virtude das circunstâncias do momento, deveria ter tido conhecimento de que essas forças estavam a cometer ou preparavam-se para cometer esses crimes; e

ii) Esse chefe militar ou essa pessoa não tenha adotado todas as medidas necessárias e adequadas ao seu alcance para prevenir ou reprimir a sua prática, ou para levar o assunto ao conhecimento das autoridades competentes, para efeitos de inquérito e procedimento criminal.

b) Nas relações entre superiores hierárquicos e subordinados, não referidos na alínea *a)*, o superior hierárquico será criminalmente responsável pelos crimes da competência do Tribunal que tiverem sido cometidos por subordinados sob a sua autoridade e controle efetivos, pelo fato de não ter exercido um controle apropriado sobre esses subordinados, quando:

a) O superior hierárquico teve conhecimento ou deliberadamente não levou em consideração a informação que indicava claramente que os subordinados estavam a cometer ou se preparavam para cometer esses crimes;

b) Esses crimes estavam relacionados com atividades sob a sua responsabilidade e controle efetivos; e

c) O superior hierárquico não adotou todas as medidas necessárias e adequadas ao seu alcance para prevenir ou reprimir a sua prática ou para levar o assunto ao conhecimento das autoridades competentes, para efeitos de inquérito e procedimento criminal.

Artigo 29
Imprescritibilidade

Os crimes da competência do Tribunal não prescrevem.

Artigo 30
Elementos Psicológicos

1. Salvo disposição em contrário, nenhuma pessoa poderá ser criminalmente responsável e punida por um crime da competência do Tribunal, a menos que atue com vontade de o cometer e conhecimento dos seus elementos materiais.

2. Para os efeitos do presente artigo, entende-se que atua intencionalmente quem:

a) Relativamente a uma conduta, se propuser adotá-la;

b) Relativamente a um efeito do crime, se propuser causá-lo ou estiver ciente de que ele terá lugar em uma ordem normal dos acontecimentos.

3. Nos termos do presente artigo, entende-se por "conhecimento" a consciência de que existe uma circunstância ou de que um efeito irá ter lugar, em uma ordem normal dos acontecimentos. As expressões "ter conhecimento" e "com conhecimento" deverão ser entendidas em conformidade.

Artigo 31
Causas de Exclusão da Responsabilidade Criminal

Sem prejuízo de outros fundamentos para a exclusão de responsabilidade criminal previstos no presente Estatuto, não será considerada criminalmente responsável a pessoa que, no momento da prática de determinada conduta:

a) Sofrer de enfermidade ou deficiência mental que a prive da capacidade para avaliar a ilicitude ou a natureza da sua conduta, ou da capacidade para controlar essa conduta a fim de não violar a lei;

b) Estiver em estado de intoxicação que a prive da capacidade para avaliar a ilicitude ou a natureza da sua conduta, ou da capacidade para controlar essa conduta a fim de não transgredir a lei, a menos que se tenha intoxicado voluntariamente em circunstâncias que lhe permitiam ter conhecimento de que, em consequência da intoxicação, poderia incorrer numa conduta tipificada como crime da competência do Tribunal, ou, de que haveria o risco de tal suceder;

c) Agir em defesa própria ou de terceiro com razoabilidade ou, em caso de crimes de guerra, em defesa de um bem que seja essencial para a sua sobrevivência ou de terceiro ou de um bem que seja essencial à realização de uma missão militar, contra o uso iminente e ilegal da força, de forma proporcional ao grau de perigo para si, para terceiro ou para os bens protegidos. O fato de participar em uma força que realize uma operação de defesa não será causa bastante de exclusão de responsabilidade criminal, nos termos desta alínea;

d) Tiver incorrido numa conduta que presumivelmente constitui crime da competência do Tribunal, em consequência de coação decorrente de uma ameaça iminente de morte ou ofensas corporais graves para si ou para outrem, e em que se veja compelida a atuar de forma necessária e razoável para evitar essa ameaça, desde que não tenha a intenção de causar um dano maior que aquele que se propunha evitar. Essa ameaça tanto poderá:

i) Ter sido feita por outras pessoas; ou

ii) Ser constituída por outras circunstâncias alheias à sua vontade.

2. O Tribunal determinará se os fundamentos de exclusão da responsabilidade criminal previstos no presente Estatuto serão aplicáveis no caso em apreço.

3. No julgamento, o Tribunal poderá levar em consideração outros fundamentos de exclusão da responsabilidade criminal; distintos dos referidos no parágrafo 1º, sempre que esses fundamentos resultem do direito aplicável em conformidade com o artigo 21. O processo de exame de um fundamento de exclusão deste tipo será definido no Regulamento Processual.

Artigo 32
Erro de Fato ou Erro de Direito

1. O erro de fato só excluirá a responsabilidade criminal se eliminar o dolo requerido pelo crime.

2. O erro de direito sobre se determinado tipo de conduta constitui crime da competência do Tribunal não será considerado fundamento de exclusão de responsabilidade criminal. No entanto, o erro de direito poderá ser considerado fundamento de exclusão de responsabilidade criminal se eliminar o dolo requerido pelo crime ou se decorrer do artigo 33 do presente Estatuto.

Artigo 33
Decisão Hierárquica e Disposições Legais

1. Quem tiver cometido um crime da competência do Tribunal, em cumprimento de uma decisão emanada de um Governo ou de um superior hierárquico, quer seja militar ou civil, não será isento de responsabilidade criminal, a menos que:

a) Estivesse obrigado por lei a obedecer a decisões emanadas do Governo ou superior hierárquico em questão;

b) Não tivesse conhecimento de que a decisão era ilegal; e

c) A decisão não fosse manifestamente ilegal.

2. Para os efeitos do presente artigo, qualquer decisão de cometer genocídio ou crimes contra a humanidade será considerada como manifestamente ilegal.

Capítulo IV
COMPOSIÇÃO E ADMINISTRAÇÃO DO TRIBUNAL

Artigo 34
Órgãos do Tribunal

O Tribunal será composto pelos seguintes órgãos:

a) A Presidência;

b) Uma Seção de Recursos, uma Seção de Julgamento em Primeira Instância e uma Seção de Instrução;

c) O Gabinete do Procurador;

d) A Secretaria.

Artigo 35
Exercício das Funções de Juiz

1. Os juízes serão eleitos membros do Tribunal para exercer funções em regime de exclusividade e deverão estar disponíveis para desempenhar o respectivo cargo desde o início do seu mandato.

2. Os juízes que comporão a Presidência desempenharão as suas funções em regime de exclusividade desde a sua eleição.

3. A Presidência poderá, em função do volume de trabalho do Tribunal, e após consulta dos seus membros, decidir periodicamente em que medida é que será necessário que os restantes juízes desempenhem as suas funções em regime de exclusividade. Estas decisões não prejudicarão o disposto no artigo 40.

4. Os ajustes de ordem financeira relativos aos juízes que não tenham de exercer os respectivos cargos em regime de exclusividade serão adotadas em conformidade com o disposto no artigo 49.

Artigo 36
Qualificações, Candidatura e Eleição dos Juízes

1. Sob reserva do disposto no parágrafo 2º, o Tribunal será composto por 18 juízes.

2. a) A Presidência, agindo em nome do Tribunal, poderá propor o aumento do número de juízes referido no parágrafo 1º fundamentando as razões pelas quais considera necessária e apropriada tal medida. O Secretário comunicará imediatamente a proposta a todos os Estados Partes;

b) A proposta será seguidamente apreciada em sessão da Assembleia dos Estados Partes convocada nos termos do artigo 112 e deverá ser considerada adotada se for aprovada na sessão por maioria de dois terços dos membros da Assembleia dos Estados Partes; a proposta entrará em vigor na data fixada pela Assembleia dos Estados Partes;

c) i) Logo que seja aprovada a proposta de aumento do número de juízes, de acordo com o disposto na alínea *b)*, a eleição dos juízes adicionais terá lugar no período seguinte de sessões da Assembleia dos Estados Partes, nos termos dos parágrafos 3º a 8º do presente artigo e do parágrafo 2º do artigo 37;

ii) Após a aprovação e a entrada em vigor de uma proposta de aumento do número de juízes, de acordo com o disposto nas alíneas *b)* e *c)* i), a Presidência poderá, a qualquer momento, se o volume de trabalho do Tribunal assim o justificar, propor que o número de juízes seja reduzido, mas nunca para um número inferior ao fixado no parágrafo 1º. A proposta será apreciada de acordo com o procedimento definido nas alíneas *a)* e *b)*. Caso a proposta seja aprovada, o número de juízes será progressivamente reduzido, à medida que expirem os mandatos e até que se alcance o número previsto.

3. a) Os juízes serão eleitos dentre pessoas de elevada idoneidade moral, imparcialidade e integridade, que reunam os requisitos para o exercício das mais altas funções judiciais nos seus respectivos países.

b) Os candidatos a juízes deverão possuir:

i) Reconhecida competência em direito penal e direito processual penal e a necessária experiência em processos penais na qualidade de juiz, procurador, advogado ou outra função semelhante; ou

ii) Reconhecida competência em matérias relevantes de direito internacional, tais como o direito internacional humanitário e os direitos humanos, assim como vasta experiência em profissões jurídicas com relevância para a função judicial do Tribunal;

c) Os candidatos a juízes deverão possuir um excelente conhecimento e serem fluentes em, pelo menos, uma das línguas de trabalho do Tribunal.

4. a) Qualquer Estado Parte no presente Estatuto poderá propor candidatos às eleições para juiz do Tribunal mediante:

i) O procedimento previsto para propor candidatos aos mais altos cargos judiciais do país; ou

ii) O procedimento previsto no Estatuto da Corte Internacional de Justiça para propor candidatos a esse Tribunal.

As propostas de candidatura deverão ser acompanhadas de uma exposição detalhada comprovativa de que o candidato possui os requisitos enunciados no parágrafo 3º;

b) Qualquer Estado Parte poderá apresentar uma candidatura de uma pessoa que não tenha necessariamente a sua nacionalidade, mas que seja nacional de um Estado Parte;

c) A Assembleia dos Estados Partes poderá decidir constituir, se apropriado, uma Comissão consultiva para o exame das candidaturas, neste caso, a Assembleia dos Estados Partes determinará a composição e o mandato da Comissão.

5. Para efeitos da eleição, serão estabelecidas duas listas de candidatos:

A lista A, com os nomes dos candidatos que reúnam os requisitos enunciados na alínea *b)* i) do parágrafo 3°; e

A lista B, com os nomes dos candidatos que reúnam os requisitos enunciados na alínea *b)* ii) do parágrafo 3º.

O candidato que reuna os requisitos constantes de ambas as listas, poderá escolher em qual delas deseja figurar. Na primeira eleição de membros do Tribunal, pelo menos nove juízes serão eleitos entre os candidatos da lista A e pelo menos cinco entre os candidatos da lista B. As eleições subsequentes serão organizadas por forma a que se mantenha no Tribunal uma proporção equivalente de juízes de ambas as listas.

6. a) Os juízes serão eleitos por escrutínio secreto, em sessão da Assembleia dos Estados Partes convocada para esse efeito, nos termos do artigo 112. Sob reserva do disposto no parágrafo 7, serão eleitos os 18 candidatos que obtenham o maior número de votos e uma maioria de dois terços dos Estados Partes presentes e votantes;

b) No caso em que da primeira votação não resulte eleito um número suficiente de juízes, proceder-se-á a nova votação, de acordo com os procedimentos estabelecidos na alínea *a*), até provimento dos lugares restantes.

7. O Tribunal não poderá ter mais de um juiz nacional do mesmo Estado. Para este efeito, a pessoa que for considerada nacional de mais de um Estado será considerada nacional do Estado onde exerce habitualmente os seus direitos civis e políticos.

8. a) Na seleção dos juízes, os Estados Partes ponderarão sobre a necessidade de assegurar que a composição do Tribunal inclua:

i) A representação dos principais sistemas jurídicos do mundo;

ii) Uma representação geográfica equitativa; e

iii) Uma representação justa de juízes do sexo feminino e do sexo masculino;

b) Os Estados Partes levarão igualmente em consideração a necessidade de assegurar a presença de juízes especializados em determinadas matérias incluindo, entre outras, a violência contra mulheres ou crianças.

9. a) Salvo o disposto na alínea *b*), os juízes serão eleitos por um mandato de nove anos e não poderão ser reeleitos, salvo o disposto na alínea *c)* e no parágrafo 2º do artigo 37;

b) Na primeira eleição, um terço dos juízes eleitos será selecionado por sorteio para exercer um mandato de três anos; outro terço será selecionado, também por sorteio, para exercer um mandato de seis anos; e os restantes exercerão um mandato de nove anos;

c) Um juiz selecionado para exercer um mandato de três anos, em conformidade com a alínea *b*), poderá ser reeleito para um mandato completo.

10. Não obstante o disposto no parágrafo 9, um juiz afeto a um Juízo de Julgamento em Primeira Instância ou de Recurso, em conformidade com o artigo 39, permanecerá em funções até à conclusão do julgamento ou do recurso dos casos que tiver a seu cargo.

Artigo 37
Vagas

1. Caso ocorra uma vaga, realizar-se-á uma eleição para o seu provimento, de acordo com o artigo 36.

2. O juiz eleito para prover uma vaga, concluirá o mandato do seu antecessor e, se esse período for igual ou inferior a três anos, poderá ser reeleito para um mandato completo, nos termos do artigo 36.

Artigo 38
A Presidência

1. O Presidente, o Primeiro Vice-Presidente e o Segundo Vice-Presidente serão eleitos por maioria absoluta dos juízes. Cada um desempenhará o respectivo cargo por um período de três anos ou até ao termo do seu mandato como juiz, conforme o que expirar em primeiro lugar. Poderão ser reeleitos uma única vez.

2. O Primeiro Vice-Presidente substituirá o Presidente em caso de impossibilidade ou recusa deste. O Segundo Vice-Presidente substituirá o Presidente em caso de impedimento ou recusa deste ou do Primeiro Vice-Presidente.

3. O Presidente, o Primeiro Vice-Presidente e o Segundo Vice-Presidente constituirão a Presidência, que ficará encarregada:

a) Da adequada administração do Tribunal, com exceção do Gabinete do Procurador; e

b) Das restantes funções que lhe forem conferidas de acordo com o presente Estatuto.

4. Embora eximindo-se da sua responsabilidade nos termos do parágrafo 3º *a)*, a Presidência atuará em coordenação com o Gabinete do Procurador e deverá obter a aprovação deste em todos os assuntos de interesse comum.

Artigo 39
Juízos

1. Após a eleição dos juízes e logo que possível, o Tribunal deverá organizar-se nas seções referidas no artigo 34 *b*). A Seção de Recursos será composta pelo Presidente e quatro juízes, a Seção de Julgamento em Primeira Instância por, pelo menos, seis juízes e a Seção de Instrução por, pelo menos, seis juízes. Os juízes serão adstritos às Seções de acordo com a natureza das funções que corresponderem a cada um e com as respectivas qualificações e experiência, por forma a que cada Seção disponha de um conjunto adequado de especialistas em direito penal e processual penal e em direito internacional. A Seção de Julgamento em Primeira Instância e a Seção de Instrução serão predominantemente compostas por juízes com experiência em processo penal.

2. a) As funções judiciais do Tribunal serão desempenhadas em cada Seção pelos juízos.

b) i) O Juízo de Recursos será composto por todos os juízes da Seção de Recursos;

ii) As funções do Juízo de Julgamento em Primeira Instância serão desempenhadas por três juízes da Seção de Julgamento em Primeira Instância;

iii) As funções do Juízo de Instrução serão desempenhadas por três juízes da Seção de Instrução ou por um só juiz da referida Seção, em conformidade com o presente Estatuto e com o Regulamento Processual;

c) Nada no presente número obstará a que se constituam simultaneamente mais de um Juízo de Julgamento em Primeira Instância ou Juízo de Instrução, sempre que a gestão eficiente do trabalho do Tribunal assim o exigir.

3. a) Os juízes adstritos às Seções de Julgamento em Primeira Instância e de Instrução desempenharão o cargo nessas Seções por um período de três anos ou, decorrido esse período, até à conclusão dos casos que lhes tenham sido cometidos pela respectiva Seção;

b) Os juízes adstritos à Seção de Recursos desempenharão o cargo nessa Seção durante todo o seu mandato.

4. Os juízes adstritos à Seção de Recursos desempenharão o cargo unicamente nessa Seção. Nada no presente artigo obstará a que sejam adstritos temporariamente juízes da Seção de Julgamento em Primeira Instância à Seção de Instrução, ou inversamente, se a Presidência entender que a gestão eficiente do trabalho do Tribunal assim o exige; porém, o juiz que tenha participado na fase instrutória não poderá, em caso algum, fazer parte do Juízo de Julgamento em Primeira Instância encarregado do caso.

Artigo 40
Independência dos Juízes

1. Os juízes serão independentes no desempenho das suas funções.

2. Os juízes não desenvolverão qualquer atividade que possa ser incompatível com o exercício das suas funções judiciais ou prejudicar a confiança na sua independência.

3. Os juízes que devam desempenhar os seus cargos em regime de exclusividade na sede do Tribunal não poderão ter qualquer outra ocupação de natureza profissional.

4. As questões relativas à aplicação dos parágrafo 2º e 3º serão decididas por maioria absoluta dos juízes. Nenhum juiz participará na decisão de uma questão que lhe diga respeito.

Artigo 41
Impedimento e Desqualificação de Juízes

1. A Presidência poderá, a pedido de um juiz, declarar seu impedimento para o exercício de alguma das funções que lhe confere o presente Estatuto, em conformidade com o Regulamento Processual.

2. a) Nenhum juiz pode participar num caso em que, por qualquer motivo, seja posta em dúvida a sua imparcialidade. Será desqualificado, em conformidade com o disposto neste número, entre outras razões, se tiver intervindo anteriormente, a qualquer título, em um caso submetido ao Tribunal ou em um procedimento criminal conexo em nível nacional que envolva a pessoa objeto de inquérito ou procedimento criminal. Pode ser igualmente desqualificado por qualquer outro dos motivos definidos no Regulamento Processual;

b) O Procurador ou a pessoa objeto de inquérito ou procedimento criminal poderá solicitar a desqualificação de um juiz em virtude do disposto no presente número;

c) As questões relativas à desqualificação de juízes serão decididas por maioria absoluta dos juízes. O juiz cuja desqualificação for solicitada, poderá pronunciar-se sobre a questão, mas não poderá tomar parte na decisão.

Artigo 42
O Gabinete do Procurador

1. O Gabinete do Procurador atuará de forma independente, enquanto órgão autônomo do Tribunal. Competir-lhe-á recolher comunicações e qualquer outro tipo de informação, devidamente fundamentada, sobre crimes da competência do Tribunal, a fim de os examinar e investigar e de exercer a ação penal junto ao Tribunal. Os membros do Gabinete do Procurador não solicitarão nem cumprirão ordens de fontes externas ao Tribunal.

2. O Gabinete do Procurador será presidido pelo Procurador, que terá plena autoridade para dirigir e administrar o Gabinete do Procurador, incluindo o pessoal, as instalações e outros recursos. O Procurador será coadjuvado por um ou mais Procuradores-Adjuntos, que poderão desempenhar qualquer uma das funções que incumbam àquele, em conformidade com o disposto no presente Estatuto. O Procurador e os Procuradores-Adjuntos terão nacionalidades diferentes e desempenharão o respectivo cargo em regime de exclusividade.

3. O Procurador e os Procuradores-Adjuntos deverão ter elevada idoneidade moral, elevado nível de competência e vasta experiência prática em matéria de processo penal. Deverão possuir um excelente conhecimento e serem fluentes em, pelo menos, uma das línguas de trabalho do Tribunal.

4. O Procurador será eleito por escrutínio secreto e por maioria absoluta de votos dos membros da Assembleia dos Estados Partes. Os Procuradores-Adjuntos serão eleitos da mesma forma, de entre uma lista de candidatos apresentada pelo Procurador. O Procurador proporá três candidatos para cada cargo de Procurador-Adjunto a prover. A menos que, ao tempo da eleição, seja fixado um período mais curto, o Procurador e os Procuradores-Adjuntos exercerão os respectivos cargos por um período de nove anos e não poderão ser reeleitos.

5. O Procurador e os Procuradores-Adjuntos não deverão desenvolver qualquer atividade que possa interferir com o exercício das suas funções ou afetar a confiança na sua independência e não poderão desempenhar qualquer outra função de caráter profissional.

6. A Presidência poderá, a pedido do Procurador ou de um Procurador-Adjunto, escusá-lo de intervir num determinado caso.

7. O Procurador e os Procuradores-Adjuntos não poderão participar em qualquer processo em que, por qualquer motivo, a sua imparcialidade possa ser posta em causa. Serão recusados, em conformidade com o disposto no presente número, entre outras razões, se tiverem intervindo anteriormente, a qualquer título, num caso submetido ao Tribunal ou num procedimento crime conexo em nível nacional, que envolva a pessoa objeto de inquérito ou procedimento criminal.

8. As questões relativas à recusa do Procurador ou de um Procurador-Adjunto serão decididas pelo Juízo de Recursos.

a) A pessoa objeto de inquérito ou procedimento criminal poderá solicitar, a todo o momento, a recusa do Procurador ou de um Procurador-Adjunto, pelos motivos previstos no presente artigo;

b) O Procurador ou o Procurador-Adjunto, segundo o caso, poderão pronunciar-se sobre a questão.

9. O Procurador nomeará assessores jurídicos especializados em determinadas áreas incluindo, entre outras, as da violência sexual ou violência por motivos relacionados com a pertença a um determinado gênero e da violência contra as crianças.

Artigo 43
A Secretaria

1. A Secretaria será responsável pelos aspectos não judiciais da administração e do funcionamento do Tribunal, sem prejuízo das funções e atribuições do Procurador definidas no artigo 42.

2. A Secretaria será dirigida pelo Secretário, principal responsável administrativo do Tribunal. O Secretário exercerá as suas funções na dependência do Presidente do Tribunal.

3. O Secretário e o Secretário-Adjunto deverão ser pessoas de elevada idoneidade moral e possuir um elevado nível de competência e um excelente conhecimento e domínio de, pelo menos, uma das línguas de trabalho do Tribunal.

4. Os juízes elegerão o Secretário em escrutínio secreto, por maioria absoluta, tendo em consideração as recomendações da Assembleia dos Estados Partes. Se necessário, elegerão um Secretário-Adjunto, por recomendação do Secretário e pela mesma forma.

5. O Secretário será eleito por um período de cinco anos para exercer funções em regime de exclusividade e só poderá ser reeleito uma vez. O Secretário-Adjunto será eleito por um período de cinco anos, ou por um período mais curto se assim o decidirem os juízes por deliberação tomada por maioria absoluta, e exercerá as suas funções de acordo com as exigências de serviço.

6. O Secretário criará, no âmbito da Secretaria, uma Unidade de Apoio às Vítimas e Testemunhas. Esta Unidade, em conjunto com o Gabinete do Procurador, adotará medidas de proteção e dispositivos de segurança e prestará assessoria e outro tipo de assistência às testemunhas e vítimas que compareçam perante o Tribunal e a outras pessoas ameaçadas em virtude do testemunho prestado por aquelas. A Unidade incluirá pessoal especializado para atender as vítimas de traumas, nomeadamente os relacionados com crimes de violência sexual.

Artigo 44
O Pessoal

1. O Procurador e o Secretário nomearão o pessoal qualificado necessário aos respectivos serviços, nomeadamente, no caso do Procurador, o pessoal encarregado de efetuar diligências no âmbito do inquérito.

2. No tocante ao recrutamento de pessoal, o Procurador e o Secretário assegurarão os mais altos padrões de eficiência, competência e integridade, tendo em consideração, *mutatis mu-*

tandis, os critérios estabelecidos no parágrafo 8 do artigo 36.

3. O Secretário, com o acordo da Presidência e do Procurador, proporá o Estatuto do Pessoal, que fixará as condições de nomeação, remuneração e cessação de funções do pessoal do Tribunal. O Estatuto do Pessoal será aprovado pela Assembleia dos Estados Partes.

4. O Tribunal poderá, em circunstâncias excepcionais, recorrer aos serviços de pessoal colocado à sua disposição, a título gratuito, pelos Estados Partes, organizações intergovernamentais e organizações não governamentais, com vista a colaborar com qualquer um dos órgãos do Tribunal. O Procurador poderá anuir a tal eventualidade em nome do Gabinete do Procurador. A utilização do pessoal disponibilizado a título gratuito ficará sujeita às diretivas estabelecidas pela Assembleia dos Estados Partes.

Artigo 45
Compromisso Solene

Antes de assumir as funções previstas no presente Estatuto, os juízes, o Procurador, os Procuradores-Adjuntos, o Secretário e o Secretário-Adjunto declararão solenemente, em sessão pública, que exercerão as suas funções imparcial e conscienciosamente.

Artigo 46
Cessação de Funções

1. Um Juiz, o Procurador, um Procurador-Adjunto, o Secretário ou o Secretário-Adjunto cessará as respectivas funções, por decisão adotada de acordo com o disposto no parágrafo 2º, nos casos em que:

a) Se conclua que a pessoa em causa incorreu em falta grave ou incumprimento grave das funções conferidas pelo presente Estatuto, de acordo com o previsto no Regulamento Processual; ou

b) A pessoa em causa se encontre impossibilitada de desempenhar as funções definidas no presente Estatuto.

2. A decisão relativa à cessação de funções de um juiz, do Procurador ou de um Procurador-Adjunto, de acordo com o parágrafo 1º, será adotada pela Assembleia dos Estados Partes em escrutínio secreto:

a) No caso de um juiz, por maioria de dois terços dos Estados Partes, com base em recomendação adotada por maioria de dois terços dos restantes juízes;

b) No caso do Procurador, por maioria absoluta dos Estados Partes;

c) No caso de um Procurador-Adjunto, por maioria absoluta dos Estados Partes, com base na recomendação do Procurador.

3. A decisão relativa à cessação de funções do Secretário ou do Secretário-Adjunto, será adotada por maioria absoluta de votos dos juízes.

4. Os juízes, o Procurador, os Procuradores-Adjuntos, o Secretário ou o Secretário-Adjunto, cuja conduta ou idoneidade para o exercício das funções inerentes ao cargo em conformidade com o presente Estatuto tiver sido contestada ao abrigo do presente artigo, terão plena possibilidade de apresentar e obter meios de prova e produzir alegações de acordo com o Regulamento Processual; não poderão, no entanto, participar, de qualquer outra forma, na apreciação do caso.

Artigo 47
Medidas Disciplinares

Os juízes, o Procurador, os Procuradores-Adjuntos, o Secretário ou o Secretário-Adjunto que tiverem cometido uma falta menos grave que a prevista no parágrafo 1º do artigo 46 incorrerão em responsabilidade disciplinar nos termos do Regulamento Processual.

Artigo 48
Privilégios e Imunidades

1. O Tribunal gozará, no território dos Estados Partes, dos privilégios e imunidades que se mostrem necessários ao cumprimento das suas funções.

2. Os juízes, o Procurador, os Procuradores-Adjuntos e o Secretário gozarão, no exercício das suas funções ou em relação a estas, dos mesmos privilégios e imunidades reconhecidos aos chefes das missões diplomáticas, continuando a usufruir de absoluta imunidade judicial relativamente às suas declarações, orais ou escritas, e aos atos que pratiquem no desempenho de funções oficiais após o termo do respectivo mandato.

3. O Secretário-Adjunto, o pessoal do Gabinete do Procurador e o pessoal da Secretaria gozarão dos mesmos privilégios e imunidades e das facilidades necessárias ao cumprimento das respectivas funções, nos termos do acordo sobre os privilégios e imunidades do Tribunal.

4. Os advogados, peritos, testemunhas e outras pessoas, cuja presença seja requerida na sede do Tribunal, beneficiarão do tratamento que se mostre necessário ao funcionamento adequado deste, nos termos do acordo sobre os privilégios e imunidades do Tribunal.

5. Os privilégios e imunidades poderão ser levantados:

a) No caso de um juiz ou do Procurador, por decisão adotada por maioria absoluta dos juízes;

b) No caso do Secretário, pela Presidência;

c) No caso dos Procuradores-Adjuntos e do pessoal do Gabinete do Procurador, pelo Procurador;

d) No caso do Secretário-Adjunto e do pessoal da Secretaria, pelo Secretário.

Artigo 49
Vencimentos, Subsídios e Despesas

Os juízes, o Procurador, os Procuradores-Adjuntos, o Secretário e o Secretário-Adjunto auferirão os vencimentos e terão direito aos subsídios e ao reembolso de despesas que forem estabelecidos em Assembleia dos Estados Partes. Estes vencimentos e subsídios não serão reduzidos no decurso do mandato.

Artigo 50
Línguas Oficiais e Línguas de Trabalho

1. As línguas árabe, chinesa, espanhola, francesa, inglesa e russa serão as línguas oficiais do Tribunal. As sentenças proferidas pelo Tribunal, bem como outras decisões sobre questões fundamentais submetidas ao Tribunal, serão publicadas nas línguas oficiais. A Presidência, de acordo com os critérios definidos no Regulamento Processual, determinará quais as decisões que poderão ser consideradas como decisões sobre questões fundamentais, para os efeitos do presente parágrafo.

2. As línguas francesa e inglesa serão as línguas de trabalho do Tribunal. O Regulamento Processual definirá os casos em que outras línguas oficiais poderão ser usadas como línguas de trabalho.

3. A pedido de qualquer Parte ou qualquer Estado que tenha sido admitido a intervir num processo, o Tribunal autorizará o uso de uma língua que não seja a francesa ou a inglesa, sempre que considere que tal autorização se justifica.

Artigo 51
Regulamento Processual

1. O Regulamento Processual entrará em vigor mediante a sua aprovação por uma maioria de dois terços dos votos dos membros da Assembleia dos Estados Partes.

2. Poderão propor alterações ao Regulamento Processual:

a) Qualquer Estado Parte;

b) Os juízes, por maioria absoluta; ou

c) O Procurador.

Estas alterações entrarão em vigor mediante a aprovação por uma maioria de dois terços dos votos dos membros da Assembleia dos Estados partes.

3. Após a aprovação do Regulamento Processual, em casos urgentes em que a situação concreta suscitada em Tribunal não se encontre prevista no Regulamento Processual, os juízes poderão, por maioria de dois terços, estabelecer normas provisórias a serem aplicadas até que a Assembleia dos Estados Partes as aprove, altere ou rejeite na sessão ordinária ou extraordinária seguinte.

4. O Regulamento Processual, e respectivas alterações, bem como quaisquer normas provisórias, deverão estar em consonância com o presente Estatuto. As alterações ao Regulamento Processual, assim como as normas provisórias aprovadas em conformidade com o parágrafo 3º, não serão aplicadas com caráter retroativo em detrimento de qualquer pessoa que seja objeto de inquérito ou de procedimento criminal, ou que tenha sido condenada.

5. Em caso de conflito entre as disposições do Estatuto e as do Regulamento Processual, o Estatuto prevalecerá.

Artigo 52
Regimento do Tribunal

1. De acordo com o presente Estatuto e com o Regulamento Processual, os juízes aprovarão, por maioria absoluta, o Regimento necessário ao normal funcionamento do Tribunal.

2. O Procurador e o Secretário serão consultados sobre a elaboração do Regimento ou sobre qualquer alteração que lhe seja introduzida.

3. O Regimento do Tribunal e qualquer alteração posterior entrarão em vigor mediante a sua aprovação, salvo decisão em contrário dos juízes. Imediatamente após a adoção, serão circulados pelos Estados Partes para observações e continuarão em vigor se, dentro de seis meses, não forem formuladas objeções pela maioria dos Estados Partes.

Capítulo V
INQUÉRITO E PROCEDIMENTO CRIMINAL

Artigo 53
Abertura do Inquérito

1. O Procurador, após examinar a informação de que dispõe, abrirá um inquérito, a menos que considere que, nos termos do presente Estatuto, não existe fundamento razoável para proceder ao mesmo. Na sua decisão, o Procurador terá em conta se:

a) A informação de que dispõe constitui fundamento razoável para crer que foi, ou está sendo, cometido um crime da competência do Tribunal;

b) O caso é ou seria admissível nos termos do artigo 17; e

c) Tendo em consideração a gravidade do crime e os interesses das vítimas, não existirão, contudo, razões substanciais para crer que o inquérito não serve os interesses da justiça.

Se decidir que não há motivo razoável para abrir um inquérito e se esta decisão se basear unicamente no disposto na alínea *c)*, o Procurador informará o Juízo de Instrução.

2. Se, concluído o inquérito, o Procurador chegar à conclusão de que não há fundamento suficiente para proceder criminalmente, na medida em que:

a) Não existam elementos suficientes, de fato ou de direito, para requerer a emissão de um mandado de detenção ou notificação para comparência, de acordo com o artigo 58;

b) O caso seja inadmissível, de acordo com o artigo 17; ou

c) O procedimento não serviria o interesse da justiça, consideradas todas as circunstâncias, tais como a gravidade do crime, os interesses das vítimas e a idade ou o estado de saúde do presumível autor e o grau de participação no alegado crime, comunicará a sua decisão, devidamente fundamentada, ao Juízo de Instrução e ao Estado que lhe submeteu o caso, de acordo com o artigo 14, ou ao Conselho de Segurança, se se tratar de um caso previsto no parágrafo *b)* do artigo 13.

3. a) A pedido do Estado que tiver submetido o caso, nos termos do artigo 14, ou do Conselho de Segurança, nos termos do parágrafo *b)* do artigo 13, o Juízo de Instrução poderá examinar a decisão do Procurador de não proceder criminalmente em conformidade com os parágrafos 1º ou 2º e solicitar-lhe que reconsidere essa decisão;

b) Além disso, o Juízo de Instrução poderá, oficiosamente, examinar a decisão do Procurador de não proceder criminalmente, se essa decisão se basear unicamente no disposto no parágrafo 1º, alínea *c)*, e no parágrafo 2º, alínea *c)*. Nesse caso, a decisão do Procurador só produzirá efeitos se confirmada pelo Juízo de Instrução.

4. O Procurador poderá, a todo o momento, reconsiderar a sua decisão de abrir um inquérito ou proceder criminalmente, com base em novos fatos ou novas informações.

Artigo 54
Funções e Poderes do Procurador em Matéria de Inquérito

1. O Procurador deverá:

a) A fim de estabelecer a verdade dos fatos, alargar o inquérito a todos os fatos e provas pertinentes para a determinação da responsabilidade criminal, em conformidade com o presente Estatuto e, para esse efeito, investigar, de igual modo, as circunstâncias que interessam quer à acusação, quer à defesa;

b) Adotar as medidas adequadas para assegurar a eficácia do inquérito e do procedimento criminal relativamente aos crimes da jurisdição do Tribunal e, na sua atuação, o Procurador terá em conta os interesses e a situação pessoal das vítimas e testemunhas, incluindo a idade, o gênero tal como definido no parágrafo 3º do artigo 7º, e o estado de saúde; terá igualmente em conta a natureza do crime, em particular quando envolva violência sexual, violência por motivos relacionados com a pertença a um determinado gênero e violência contra as crianças; e

c) Respeitar plenamente os direitos conferidos às pessoas pelo presente Estatuto.

2. O Procurador poderá realizar investigações no âmbito de um inquérito no território de um Estado:

a) De acordo com o disposto na Parte IX; ou

b) Mediante autorização do Juízo de Instrução, dada nos termos do parágrafo 3º, alínea *d)*, do artigo 57.

3. O Procurador poderá:

a) Reunir e examinar provas;

b) Convocar e interrogar pessoas objeto de inquérito e convocar e tomar o depoimento de vítimas e testemunhas;

c) Procurar obter a cooperação de qualquer Estado ou organização intergovernamental ou instrumento intergovernamental, de acordo com a respectiva competência e/ou mandato;

d) Celebrar acordos ou convênios compatíveis com o presente Estatuto, que se mostrem necessários para facilitar a cooperação de um Estado, de uma organização intergovernamental ou de uma pessoa;

e) Concordar em não divulgar, em qualquer fase do processo, documentos ou informação que tiver obtido, com a condição de preservar o seu caráter confidencial e com o objetivo único de obter novas provas, a menos que quem tiver facilitado a informação consinta na sua divulgação; e

f) Adotar ou requerer que se adotem as medidas necessárias para assegurar o caráter confidencial da informação, a proteção de pessoas ou a preservação da prova.

Artigo 55
Direitos das Pessoas no Decurso do Inquérito

1. No decurso de um inquérito aberto nos termos do presente Estatuto:

a) Nenhuma pessoa poderá ser obrigada a depor contra si própria ou a declarar-se culpada;

b) Nenhuma pessoa poderá ser submetida a qualquer forma de coação, intimidação ou ameaça, tortura ou outras formas de penas ou tratamentos cruéis, desumanos ou degradantes; e

c) Qualquer pessoa que for interrogada numa língua que não compreenda ou não fale fluentemente, será assistida, gratuitamente, por um intérprete competente e disporá das traduções que são necessárias às exigências de equidade;

d) Nenhuma pessoa poderá ser presa ou detida arbitrariamente, nem ser privada da sua liberdade, salvo pelos motivos previstos no presente Estatuto e em conformidade com os procedimentos nele estabelecidos.

2. Sempre que existam motivos para crer que uma pessoa cometeu um crime da competência do Tribunal e que deve ser interrogada pelo Procurador ou pelas autoridades nacionais, em virtude de um pedido feito em conformidade com o disposto na Parte IX do presente Estatuto, essa pessoa será informada, antes do interrogatório, de que goza ainda dos seguintes direitos:

a) A ser informada antes de ser interrogada de que existem indícios de que cometeu um crime da competência do Tribunal;

b) A guardar silêncio, sem que tal seja tido em consideração para efeitos de determinação da sua culpa ou inocência;

c) A ser assistida por um advogado da sua escolha ou, se não o tiver, a solicitar que lhe seja designado um defensor dativo, em todas as situações em que o interesse da justiça assim o exija e sem qualquer encargo se não possuir meios suficientes para lhe pagar; e

d) A ser interrogada na presença do seu advogado, a menos que tenha renunciado voluntariamente ao direito de ser assistida por um advogado.

Artigo 56
Intervenção do Juízo de Instrução em Caso de Oportunidade Única de Proceder a um Inquérito

1. a) Sempre que considere que um inquérito oferece uma oportunidade única de recolher depoimentos ou declarações de uma testemunha ou de examinar, reunir ou verificar provas, o Procurador comunicará esse fato ao Juízo de Instrução;

b) Nesse caso, o Juízo de Instrução, a pedido do Procurador, poderá adotar as medidas que entender necessárias para assegurar a eficácia e a integridade do processo e, em particular, para proteger os direitos de defesa;

c) Salvo decisão em contrário do Juízo de Instrução, o Procurador transmitirá a informação relevante à pessoa que tenha sido detida, ou que tenha comparecido na sequência de notificação emitida no âmbito do inquérito a que se refere a alínea a), para que possa ser ouvida sobre a matéria em causa.

2. As medidas a que se faz referência na alínea *b)* do parágrafo 1º poderão consistir em:

a) Fazer recomendações ou proferir despachos sobre o procedimento a seguir;

b) Ordenar que seja lavrado o processo;

c) Nomear um perito;

d) Autorizar o advogado de defesa do detido, ou de quem tiver comparecido no Tribunal na sequência de notificação, a participar no processo ou, no caso dessa detenção ou comparecimento não se ter ainda verificado ou não tiver ainda sido designado advogado, a nomear outro defensor que se encarregará dos interesses da defesa e os representará;

e) Encarregar um dos seus membros ou, se necessário, outro juiz disponível da Seção de Instrução ou da Seção de Julgamento em Primeira Instância, de formular recomendações ou proferir despachos sobre o recolhimento e a preservação de meios de prova e a inquirição de pessoas;

f) Adotar todas as medidas necessárias para reunir ou preservar meios de prova.

3. a) Se o Procurador não tiver solicitado as medidas previstas no presente artigo mas o Juízo de Instrução considerar que tais medidas serão necessárias para preservar meios de prova que lhe pareçam essenciais para a defesa no julgamento, o Juízo consultará o Procurador a fim de saber se existem motivos poderosos para este não requerer as referidas medidas. Se, após consulta, o Juízo concluir que a omissão de requerimento de tais medidas é injustificada, poderá adotar essas medidas de ofício.

b) O Procurador poderá recorrer da decisão do Juízo de Instrução de ofício, nos termos do presente número. O recurso seguirá uma forma sumária.

4. A admissibilidade dos meios de prova preservados ou recolhidos para efeitos do processo ou o respectivo registro, em conformidade com o presente artigo, reger-se-ão, em julgamento, pelo disposto no artigo 69, e terão o valor que lhes for atribuído pelo Juízo de Julgamento em Primeira Instância.

Artigo 57
Funções e Poderes do Juízo de Instrução

1. Salvo disposição em contrário contida no presente Estatuto, o Juízo de Instrução exercerá as suas funções em conformidade com o presente artigo.

2. a) Para os despachos do Juízo de Instrução proferidos ao abrigo dos artigos 15, 18, 19, 54, parágrafo 2º, 61, parágrafo 7, e 72, deve concorrer maioria de votos dos juízes que o compõem;

b) Em todos os outros casos, um único juiz do Juízo de Instrução poderá exercer as funções definidas no presente Estatuto, salvo disposição em contrário contida no Regulamento Processual ou decisão em contrário do Juízo de Instrução tomada por maioria de votos.

3. Independentemente das outras funções conferidas pelo presente Estatuto, o Juízo de Instrução poderá:

a) A pedido do Procurador, proferir os despachos e emitir os mandados que se revelem necessários para um inquérito;

b) A pedido de qualquer pessoa que tenha sido detida ou tenha comparecido na sequência de notificação expedida nos termos do artigo 58, proferir despachos, incluindo medidas tais como as indicadas no artigo 56, ou procurar obter, nos termos do disposto na Parte IX, a cooperação necessária para auxiliar essa pessoa a preparar a sua defesa;

c) Sempre que necessário, assegurar a proteção e o respeito pela privacidade de vítimas e testemunhas, a preservação da prova, a proteção de pessoas detidas ou que tenham comparecido na sequência de notificação para comparecimento, assim como a proteção de informação que afete a segurança nacional;

d) Autorizar o Procurador a adotar medidas específicas no âmbito de um inquérito, no território de um Estado Parte sem ter obtido a cooperação deste nos termos do disposto na Parte IX, caso o Juízo de Instrução determine que, tendo em consideração, na medida do possível, a posição do referido Estado, este último não está manifestamente em condições de satisfazer um pedido de cooperação face à incapacidade de todas as autoridades ou órgãos do seu sistema judiciário com competência para dar seguimento a um pedido de cooperação formulado nos termos do disposto na Parte IX.

e) Quando tiver emitido um mandado de detenção ou uma notificação para comparecimento nos termos do artigo 58, e levando em consideração o valor das provas e os direitos das partes em questão, em conformidade com o disposto no presente Estatuto e no Regulamento Processual, procurar obter a cooperação dos Estados, nos termos do parágrafo 1º, alínea *k)* do artigo 93, para adoção de medidas cautelares que visem à apreensão, em particular no interesse superior das vítimas.

Artigo 58
Mandado de Detenção e Notificação para Comparecimento do Juízo de Instrução

1. A todo o momento após a abertura do inquérito, o Juízo de Instrução poderá, a pedido do Procurador, emitir um mandado de detenção contra uma pessoa se, após examinar o pedido e as provas ou outras informações submetidas pelo Procurador, considerar que:

a) Existem motivos suficientes para crer que essa pessoa cometeu um crime da competência do Tribunal; e

b) A detenção dessa pessoa se mostra necessária para:

i) Garantir o seu comparecimento em tribunal;

ii) Garantir que não obstruirá, nem porá em perigo, o inquérito ou a ação do Tribunal; ou

iii) Se for o caso, impedir que a pessoa continue a cometer esse crime ou um crime conexo que seja da competência do Tribunal e tenha a sua origem nas mesmas circunstâncias.

2. Do requerimento do Procurador deverão constar os seguintes elementos:

a) O nome da pessoa em causa e qualquer outro elemento útil de identificação;

b) A referência precisa do crime da competência do Tribunal que a pessoa tenha presumivelmente cometido;

c) Uma descrição sucinta dos fatos que alegadamente constituem o crime;

d) Um resumo das provas e de qualquer outra informação que constitua motivo suficiente para crer que a pessoa cometeu o crime; e

e) Os motivos pelos quais o Procurador considere necessário proceder à detenção daquela pessoa.

3. Do mandado de detenção deverão constar os seguintes elementos:

a) O nome da pessoa em causa e qualquer outro elemento útil de identificação;

b) A referência precisa do crime da competência do Tribunal que justifique o pedido de detenção; e

c) Uma descrição sucinta dos fatos que alegadamente constituem o crime.

4. O mandado de detenção manter-se-á válido até decisão em contrário do Tribunal.

5. Com base no mandado de detenção, o Tribunal poderá solicitar a prisão preventiva ou a detenção e entrega da pessoa em conformidade com o disposto na Parte IX do presente Estatuto.

6. O Procurador poderá solicitar ao Juízo de Instrução que altere o mandado de detenção no sentido de requalificar os crimes aí indicados ou de adicionar outros. O Juízo de Instrução alterará o mandado de detenção se considerar que existem motivos suficientes para crer que a pessoa cometeu quer os crimes na forma que se indica nessa requalificação, quer os novos crimes.

7. O Procurador poderá solicitar ao Juízo de Instrução que, em vez de um mandado de detenção, emita uma notificação para comparecimento. Se o Juízo considerar que existem motivos suficientes para crer que a pessoa cometeu o crime que lhe é imputado e que uma notificação para comparecimento será suficiente para garantir a sua presença efetiva em tribunal, emitirá uma notificação para que a pessoa compareça, com ou sem a imposição de medidas restritivas de liberdade (distintas da detenção) se previstas no direito interno. Da notificação para comparecimento deverão constar os seguintes elementos:

a) O nome da pessoa em causa e qualquer outro elemento útil de identificação;

b) A data de comparecimento;

c) A referência precisa ao crime da competência do Tribunal que a pessoa alegadamente tenha cometido; e

d) Uma descrição sucinta dos fatos que alegadamente constituem o crime.

Esta notificação será diretamente feita à pessoa em causa.

Artigo 59
Procedimento de Detenção no Estado da Detenção

1. O Estado Parte que receber um pedido de prisão preventiva ou de detenção e entrega, adotará imediatamente as medidas necessárias para proceder à detenção, em conformidade com o respectivo direito interno e com o disposto na Parte IX.

2. O detido será imediatamente levado à presença da autoridade judiciária competente do Estado da detenção que determinará se, de acordo com a legislação desse Estado:

a) O mandado de detenção é aplicável à pessoa em causa;

b) A detenção foi executada de acordo com a lei;

c) Os direitos do detido foram respeitados,

3. O detido terá direito a solicitar à autoridade competente do Estado da detenção autorização para aguardar a sua entrega em liberdade.

4. Ao decidir sobre o pedido, a autoridade competente do Estado da detenção determinará se, em face da gravidade dos crimes imputados, se verificam circunstâncias urgentes e excepcionais que justifiquem a liberdade provisória e se existem as garantias necessárias para que o Estado de detenção possa cumprir a sua obrigação de entregar a pessoa ao Tribunal. Essa autoridade não terá competência para examinar se o mandado de detenção foi regularmente emitido, nos termos das alíneas *a)* e *b)* do parágrafo 1º do artigo 58.

5. O pedido de liberdade provisória será notificado ao Juízo de Instrução, o qual fará recomendações à autoridade competente do Estado da detenção. Antes de tomar uma decisão, a autoridade competente do Estado da detenção terá em conta essas recomendações, incluindo as relativas a medidas adequadas para impedir a fuga da pessoa.

6. Se a liberdade provisória for concedida, o Juízo de Instrução poderá solicitar informações periódicas sobre a situação de liberdade provisória.

7. Uma vez que o Estado da detenção tenha ordenado a entrega, o detido será colocado, o mais rapidamente possível, à disposição do Tribunal.

Artigo 60
Início da Fase Instrutória

1. Logo que uma pessoa seja entregue ao Tribunal ou nele compareça voluntariamente em cumprimento de uma notificação para comparecimento, o Juízo de Instrução deverá assegurar-se de que essa pessoa foi informada dos crimes que lhe são imputados e dos direitos que o presente Estatuto lhe confere, incluindo o direito de solicitar autorização para aguardar o julgamento em liberdade.

2. A pessoa objeto de um mandado de detenção poderá solicitar autorização para aguardar julgamento em liberdade. Se o Juízo de Instrução considerar verificadas as condições enunciadas no parágrafo 1º do artigo 58, a detenção será mantida. Caso contrário, a pessoa será posta em liberdade, com ou sem condições.

3. O Juízo de Instrução reexaminará periodicamente a sua decisão quanto à liberdade provisória ou à detenção, podendo fazê-lo a todo o momento, a pedido do Procurador ou do interessado. Ao tempo da revisão, o Juízo poderá modificar a sua decisão quanto à detenção, à liberdade provisória ou às condições desta, se considerar que a alteração das circunstâncias o justifica.

4. O Juízo de Instrução certificar-se-á de que a detenção não será prolongada por período não razoável devido a demora injustificada por parte do Procurador. Caso se produza a referida demora, o Tribunal considerará a possibilidade de por o interessado em liberdade, com ou sem condições.

5. Se necessário, o Juízo de Instrução poderá emitir um mandado de detenção para garantir o comparecimento de uma pessoa que tenha sido posta em liberdade.

Artigo 61
Apreciação da Acusação Antes do Julgamento

1. Salvo o disposto no parágrafo 2º, e em um prazo razoável após a entrega da pessoa ao Tribunal ou ao seu comparecimento voluntário perante este, o Juízo de Instrução realizará uma audiência para apreciar os fatos constantes da acusação com base nos quais o Procurador pretende requerer o julgamento. A audiência ocorrerá lugar na presença do Procurador e do acusado, assim como do defensor deste.

2. O Juízo de Instrução, de ofício ou a pedido do Procurador, poderá realizar a audiência na ausência do acusado, a fim de apreciar os fatos constantes da acusação com base nos quais o Procurador pretende requerer o julgamento, se o acusado:

a) Tiver renunciado ao seu direito a estar presente; ou

b) Tiver fugido ou não for possível encontrá-lo, tendo sido tomadas todas as medidas razoáveis para assegurar o seu comparecimento em Tribunal e para o informar dos fatos constantes da acusação e da realização de uma audiência para apreciação dos mesmos.

Neste caso, o acusado será representado por um defensor, se o Juízo de Instrução decidir que tal servirá os interesses da justiça.

3. Num prazo razoável antes da audiência, o acusado:

a) Receberá uma cópia do documento especificando os fatos constantes da acusação com base nos quais o Procurador pretende requerer o julgamento; e

b) Será informado das provas que o Procurador pretende apresentar em audiência.

O Juízo de Instrução poderá proferir despacho sobre a divulgação de informação para efeitos da audiência.

4. Antes da audiência, o Procurador poderá reabrir o inquérito e alterar ou retirar parte dos fatos constantes da acusação. O acusado será notificado de qualquer alteração ou retirada em tempo razoável, antes da realização da audiência. No caso de retirada de parte dos fatos constantes da acusação, o Procurador informará o Juízo de Instrução dos motivos da mesma.

5. Na audiência, o Procurador produzirá provas satisfatórias dos fatos constantes da acusação, nos quais baseou a sua convicção de que o acusado cometeu o crime que lhe é imputado. O Procurador poderá basear-se em provas documentais ou um resumo das provas, não sendo obrigado a chamar as testemunhas que irão depor no julgamento.

6. Na audiência, o acusado poderá:

a) Contestar as acusações;

b) Impugnar as provas apresentadas pelo Procurador; e

c) Apresentar provas.

7. Com base nos fatos apreciados durante a audiência, o Juízo de Instrução decidirá se existem provas suficientes de que o acusado cometeu os crimes que lhe são imputados. De acordo com essa decisão, o Juízo de Instrução:

a) Declarará procedente a acusação na parte relativamente à qual considerou terem sido reunidas provas suficientes e remeterá o acusado para o juízo de Julgamento em Primeira Instância, a fim de aí ser julgado pelos fatos confirmados;

b) Não declarará procedente a acusação na parte relativamente à qual considerou não terem sido reunidas provas suficientes;

c) Adiará a audiência e solicitará ao Procurador que considere a possibilidade de:

i) Apresentar novas provas ou efetuar novo inquérito relativamente a um determinado fato constante da acusação; ou

ii) Modificar parte da acusação, se as provas reunidas parecerem indicar que um crime distinto, da competência do Tribunal, foi cometido.

8. A declaração de não procedência relativamente a parte de uma acusação, proferida pelo Juízo de Instrução, não obstará a que o Procurador solicite novamente a sua apreciação, na condição de apresentar provas adicionais.

9. Tendo os fatos constantes da acusação sido declarados procedentes, e antes do início do julgamento, o Procurador poderá, mediante autorização do Juízo de Instrução e notificação prévia do acusado, alterar alguns fatos constantes da acusação. Se o Procurador pretender acrescentar novos fatos ou substituí-los por outros de natureza mais grave, deverá, nos termos do preserve artigo, requerer uma audiência para a respectiva apreciação. Após o início do julgamento, o Procurador poderá retirar a acusação, com autorização do Juízo de Instrução.

10. Qualquer mandado emitido deixará de ser válido relativamente aos fatos constantes da acusação que tenham sido declarados não procedentes pelo Juízo de Instrução ou que tenham sido retirados pelo Procurador.

11. Tendo a acusação sido declarada procedente nos termos do presente artigo, a Presidência designará um Juízo de Julgamento em Primeira Instância que, sob reserva do disposto no parágrafo 9 do presente artigo e no parágrafo 4º do artigo 64, se encarregará da fase seguinte do processo e poderá exercer as funções do Juízo de Instrução que se mostrem pertinentes e apropriadas nessa fase do processo.

Capítulo VI
O JULGAMENTO

Artigo 62
Local do Julgamento

Salvo decisão em contrário, o julgamento terá lugar na sede do Tribunal.

Artigo 63
Presença do Acusado em Julgamento

1. O acusado estará presente durante o julgamento.

2. Se o acusado, presente em tribunal, perturbar persistentemente a audiência, o Juízo de Julgamento em Primeira Instância poderá ordenar a sua remoção da sala e providenciar para que acompanhe o processo e dê instruções ao seu defensor a partir do exterior da mesma, utilizando, se necessário, meios técnicos de comunicação. Estas medidas só serão adotadas em circunstâncias excepcionais e pelo período estritamente necessário, após se terem esgotado outras possibilidades razoáveis.

Artigo 64
Funções e Poderes do Juízo de Julgamento em Primeira Instância

1. As funções e poderes do Juízo de Julgamento em Primeira Instância, enunciadas no presente artigo, deverão ser exercidas em conformidade com o presente Estatuto e o Regulamento Processual.

2. O Juízo de Julgamento em Primeira Instância zelará para que o julgamento seja conduzido de maneira equitativa e célere, com total respeito dos direitos do acusado e tendo em devida conta a proteção das vítimas e testemunhas.

3. O Juízo de Julgamento em Primeira Instância a que seja submetido um caso nos termos do presente Estatuto:

a) Consultará as partes e adotará as medidas necessárias para que o processo se desenrole de maneira equitativa e célere;

b) Determinará qual a língua, ou quais as línguas, a utilizar no julgamento; e

c) Sob reserva de qualquer outra disposição pertinente do presente Estatuto, providenciará pela revelação de quaisquer documentos ou da informação que não tenha sido divulgada anteriormente, com suficiente antecedência relativamente ao início do julgamento, a fim de permitir a sua preparação adequada para o julgamento.

4. O Juízo de Julgamento em Primeira Instância poderá, se mostrar necessário para o seu funcionamento eficaz e imparcial, remeter questões preliminares ao Juízo de Instrução ou, se necessário, a um outro juiz disponível da Seção de Instrução.

5. Mediante notificação às partes, o Juízo de Julgamento em Primeira Instância poderá, conforme se lhe afigure mais adequado, ordenar que as acusações contra mais de um acusado sejam deduzidas conjunta ou separadamente.

6. No desempenho das suas funções, antes ou no decurso de um julgamento, o Juízo de Julgamento em Primeira Instância poderá, se necessário:

a) Exercer qualquer uma das funções do Juízo de Instrução consignadas no parágrafo 11 do artigo 61;

b) Ordenar a comparência e a audição de testemunhas e a apresentação de documentos e outras provas, obtendo para tal, se necessário, o auxílio de outros Estados, conforme previsto no presente Estatuto;

c) Adotar medidas para a proteção da informação confidencial;

d) Ordenar a apresentação de provas adicionais às reunidas antes do julgamento ou às apresentadas no decurso do julgamento pelas partes;

e) Adotar medidas para a proteção do acusado, testemunhas e vítimas; e

f) Decidir sobre qualquer outra questão pertinente.

7. A audiência de julgamento será pública. No entanto, o Juízo de Julgamento em Primeira Instância poderá decidir que determinadas diligências se efetuem à porta fechada, em conformidade com os objetivos enunciados no artigo 68 ou com vista a proteger informação de caráter confidencial ou restrita que venha a ser apresentada como prova.

8. a) No início da audiência de julgamento, o Juízo de Julgamento em Primeira Instância ordenará a leitura ao acusado, dos fatos constantes da acusação previamente confirmados pelo Juízo de Instrução. O Juízo de Julgamento em Primeira Instância deverá certificar-se de que o acusado compreende a natureza dos fatos que lhe são imputados e dar-lhe a oportunidade de os confessar, de acordo com o disposto no artigo 65, ou de se declarar inocente;

b) Durante o julgamento, o juiz presidente poderá dar instruções sobre a condução da audiência, nomeadamente para assegurar que esta se desenrole de maneira equitativa e imparcial. Salvo qualquer orientação do juiz presidente, as partes poderão apresentar provas em conformidade com as disposições do presente Estatuto.

9. O Juízo de Julgamento em Primeira Instância poderá, inclusive, de ofício ou a pedido de uma das partes, a saber:

a) Decidir sobre a admissibilidade ou pertinência das provas; e

b) Tomar todas as medidas necessárias para manter a ordem na audiência.

10. O Juízo de Julgamento em Primeira Instância providenciará para que o Secretário proceda a um registro completo da audiência de julgamento onde sejam fielmente relatadas todas as diligências efetuadas, registro que deverá manter e preservar.

Artigo 65
Procedimento em Caso de Confissão

1. Se o acusado confessar nos termos do parágrafo 8, alínea *a*), do artigo 64, o Juízo de Julgamento em Primeira Instância apurará:

a) Se o acusado compreende a natureza e as consequências da sua confissão;

b) Se essa confissão foi feita livremente, após devida consulta ao seu advogado de defesa; e

c) Se a confissão é corroborada pelos fatos que resultam:

i) Da acusação deduzida pelo Procurador e aceita pelo acusado;

ii) De quaisquer meios de prova que confirmam os fatos constantes da acusação deduzida pelo Procurador e aceita pelo acusado; e

iii) De quaisquer outros meios de prova, tais como depoimentos de testemunhas, apresentados pelo Procurador ou pelo acusado.

2. Se o Juízo de Julgamento em Primeira Instância estimar que estão reunidas as condições referidas no parágrafo 1º, considerará que a confissão, juntamente com quaisquer provas adicionais produzidas, constitui um reconhecimento de todos os elementos essenciais constitutivos do crime pelo qual o acusado se declarou culpado e poderá condená-lo por esse crime.

3. Se o Juízo de Julgamento em Primeira Instância estimar que não estão reunidas as condições referidas no parágrafo 1º, considerará a confissão como não tendo tido lugar e, nesse caso, ordenará que o julgamento prossiga de acordo com o procedimento comum estipulado no presente Estatuto, podendo transmitir o processo a outro Juízo de Julgamento em Primeira Instância.

4. Se o Juízo de Julgamento em Primeira Instância considerar necessária, no interesse da justiça, e em particular no interesse das vítimas, uma explanação mais detalhada dos fatos integrantes do caso, poderá:

a) Solicitar ao Procurador que apresente provas adicionais, incluindo depoimentos de testemunhas; ou

b) Ordenar que o processo prossiga de acordo com o procedimento comum estipulado no presente Estatuto, caso em que considerará a confissão como não tendo tido lugar e poderá transmitir o processo a outro Juízo de Julgamento em Primeira Instância.

5. Quaisquer consultas entre o Procurador e a defesa, no que diz respeito à alteração dos fatos constantes da acusação, à confissão ou à pena a ser imposta, não vincularão o Tribunal.

Artigo 66
Presunção de Inocência

1. Toda a pessoa se presume inocente até prova da sua culpa perante o Tribunal, de acordo com o direito aplicável.

2. Incumbe ao Procurador o ônus da prova da culpa do acusado.

3. Para proferir sentença condenatória, o Tribunal deve estar convencido de que o acusado é culpado, além de qualquer dúvida razoável.

Artigo 67
Direitos do Acusado

1. Durante a apreciação de quaisquer fatos constantes da acusação, o acusado tem direito a ser ouvido em audiência pública, levando em conta o disposto no presente Estatuto, a uma audiência conduzida de forma equitativa e imparcial e às seguintes garantias mínimas, em situação de plena igualdade:

a) A ser informado, sem demora e de forma detalhada, numa língua que compreenda e fale fluentemente, da natureza, motivo e conteúdo dos fatos que lhe são imputados;

b) A dispor de tempo e de meios adequados para a preparação da sua defesa e a comunicar-se livre e confidencialmente com um defensor da sua escolha;

c) A ser julgado sem atrasos indevidos;

d) Salvo o disposto no parágrafo 2º do artigo 63, o acusado terá direito a estar presente na audiência de julgamento e a defender-se a si próprio ou a ser assistido por um defensor da sua escolha; se não o tiver, a ser informado do direito de o tribunal lhe nomear um defensor sempre que o interesse da justiça o exija, sendo tal assistência gratuita se o acusado carecer de meios suficientes para remunerar o defensor assim nomeado;

e) A inquirir ou a fazer inquirir as testemunhas de acusação e a obter o comparecimento das testemunhas de defesa e a inquirição destas nas mesmas condições que as testemunhas de acusação. O acusado terá também direito a apresentar defesa e a oferecer qualquer outra prova admissível, de acordo com o presente Estatuto;

f) A ser assistido gratuitamente por um intérprete competente e a serem-lhe facultadas as traduções necessárias que a equidade exija, se não compreender perfeitamente ou não falar a língua utilizada em qualquer ato processual ou documento produzido em tribunal;

g) A não ser obrigado a depor contra si próprio, nem a declarar-se culpado, e a guardar silêncio, sem que este seja levado em conta na determinação da sua culpa ou inocência;

h) A prestar declarações não ajuramentadas, oralmente ou por escrito, em sua defesa; e

i) A que não lhe seja imposta quer a inversão do ônus da prova, quer a impugnação.

2. Além de qualquer outra revelação de informação prevista no presente Estatuto, o Procurador comunicará à defesa, logo que possível, as provas que tenha em seu poder ou sob o seu controle e que, no seu entender, revelem ou tendam a revelar a inocência do acusado, ou a atenuar a sua culpa, ou que possam afetar a credibilidade das provas de acusação. Em caso de dúvida relativamente à aplicação do presente número, cabe ao Tribunal decidir.

Artigo 68
Proteção das Vítimas e das Testemunhas e sua Participação no Processo

1. O Tribunal adotará as medidas adequadas para garantir a segurança, o bem-estar físico e psicológico, a dignidade e a vida privada das vítimas e testemunhas. Para tal, o Tribunal levará em conta todos os fatores pertinentes, incluindo a idade, o gênero tal como definido no parágrafo 3º do artigo 7º, e o estado de saúde, assim como a natureza do crime, em particular, mas não apenas quando este envolva elementos de agressão sexual, de violência relacionada com a pertença a um determinado gênero ou de violência contra crianças. O Procurador adotará estas medidas, nomeadamente durante o inquérito e o procedimento criminal. Tais medidas não poderão prejudicar nem ser incompatíveis com os direitos do acusado ou com a realização de um julgamento equitativo e imparcial.

2. Enquanto excepção ao princípio do caráter público das audiências estabelecido no artigo 67, qualquer um dos Juízos que compõem o Tribunal poderá, a fim de proteger as vítimas e as testemunhas ou o acusado, decretar que um ato processual se realize, no todo ou em parte, à porta fechada ou permitir a produção de prova por meios eletrônicos ou outros meios especiais. Estas medidas aplicar-se-ão, nomeadamente, no caso de uma vítima de violência sexual ou de um menor que seja vítima ou testemunha, salvo decisão em contrário adotada pelo Tribunal, ponderadas todas as circunstâncias, particularmente a opinião da vítima ou da testemunha.

3. Se os interesses pessoais das vítimas forem afetados, o Tribunal permitir-lhes-á que expressem as suas opiniões e preocupações em fase processual que entenda apropriada e por forma a não prejudicar os direitos do acusado nem a ser incompatível com estes ou com a realização de um julgamento equitativo e imparcial. Os representantes legais das vítimas poderão apresentar as referidas opiniões e preocupações quando o Tribunal o considerar oportuno e em conformidade com o Regulamento Processual.

4. A Unidade de Apoio às Vítimas e Testemunhas poderá aconselhar o Procurador e o Tribunal relativamente a medidas adequadas de proteção, mecanismos de segurança, assessoria e assistência a que se faz referência no parágrafo 6 do artigo 43.

5. Quando a divulgação de provas ou de informação, de acordo com o presente Estatuto, representar um grave perigo para a segurança de uma testemunha ou da sua família, o Procurador poderá, para efeitos de qualquer diligência anterior ao julgamento, não apresentar as referidas provas ou informação, mas antes um resumo das mesmas. As medidas desta natureza deverão ser postas em prática de uma forma que não seja prejudicial aos direitos do acusado ou incompatível com estes e com a realização de um julgamento equitativo e imparcial.

6. Qualquer Estado poderá solicitar que sejam tomadas as medidas necessárias para assegurar a proteção dos seus funcionários ou agentes, bem como a proteção de toda a informação de caráter confidencial ou restrito.

Artigo 69
Prova

1. Em conformidade com o Regulamento Processual e antes de depor, qualquer testemunha se comprometerá a fazer o seu depoimento com verdade.

2. A prova testemunhal deverá ser prestada pela própria pessoa no decurso do julgamento, salvo quando se apliquem as medidas estabelecidas no artigo 68 ou no Regulamento Processual. De igual modo, o Tribunal poderá permitir que uma testemunha preste declarações oralmente ou por meio de gravação em vídeo ou áudio, ou que sejam apresentados documentos ou transcrições escritas, nos termos do presente Estatuto e de acordo com o Regulamento Processual. Estas medidas não poderão prejudicar os direitos do acusado, nem ser incompatíveis com eles.

3. As partes poderão apresentar provas que interessem ao caso, nos termos do artigo 64. O Tribunal será competente para solicitar de ofício a produção de todas as provas que entender necessárias para determinar a veracidade dos fatos.

4. O Tribunal poderá decidir sobre a relevância ou admissibilidade de qualquer prova, tendo em conta, entre outras coisas, o seu valor probatório e qualquer prejuízo que possa acarretar para a realização de um julgamento equitativo ou para a avaliação equitativa dos depoimentos de uma testemunha, em conformidade com o Regulamento Processual.

5. O Tribunal respeitará e atenderá aos privilégios de confidencialidade estabelecidos no Regulamento Processual.

6. O Tribunal não exigirá prova dos fatos do domínio público, mas poderá fazê-los constar dos autos.

7. Não serão admissíveis as provas obtidas com violação do presente Estatuto ou das normas de direitos humanos internacionalmente reconhecidas quando:

a) Essa violação suscite sérias dúvidas sobre a fiabilidade das provas; ou

b) A sua admissão atente contra a integridade do processo ou resulte em grave prejuízo deste.

8. O Tribunal, ao decidir sobre a relevância ou admissibilidade das provas apresentadas por um Estado, não poderá pronunciar-se sobre a aplicação do direito interno desse Estado.

Artigo 70
Infrações contra a Administração da Justiça

1. O Tribunal terá competência para conhecer das seguintes infrações contra a sua administração da justiça, quando cometidas intencionalmente:

a) Prestação de falso testemunho, quando há a obrigação de dizer a verdade, de acordo com o parágrafo 1º do artigo 69;

b) Apresentação de provas, tendo a parte conhecimento de que são falsas ou que foram falsificadas;

c) Suborno de uma testemunha, impedimento ou interferência no seu comparecimento ou depoimento, represálias contra uma testemunha por esta ter prestado depoimento, destruição ou alteração de provas ou interferência nas diligências de obtenção de prova;

d) Entrave, intimidação ou corrupção de um funcionário do Tribunal, com a finalidade de o obrigar ou o induzir a não cumprir as suas funções ou a fazê-lo de maneira indevida;

e) Represálias contra um funcionário do Tribunal, em virtude das funções que ele ou outro funcionário tenham desempenhado; e

f) Solicitação ou aceitação de suborno na qualidade de funcionário do Tribunal, e em relação com o desempenho das respectivas funções oficiais.

2. O Regulamento Processual estabelecerá os princípios e procedimentos que regularão o exercício da competência do Tribunal relativamente às infrações a que se faz referência no presente artigo. As condições de cooperação internacional com o Tribunal, relativamente ao procedimento que adote de acordo com o presente artigo, reger-se-ão pelo direito interno do Estado requerido.

3. Em caso de decisão condenatória, o Tribunal poderá impor uma pena de prisão não superior a cinco anos, ou de multa, de acordo com o Regulamento Processual, ou ambas.

4. a) Cada Estado Parte tornará extensivas as normas penais de direito interno que punem as infrações contra a realização da justiça às infrações contra a administração da justiça a que se faz referência no presente artigo, e que sejam cometidas no seu território ou por um dos seus nacionais;

b) A pedido do Tribunal, qualquer Estado Parte submeterá, sempre que o entender necessário, o caso à apreciação das suas autoridades competentes para fins de procedimento criminal. Essas autoridades conhecerão do caso com diligência e acionarão os meios necessários para a sua eficaz condução.

Artigo 71
Sanções por Desrespeito ao Tribunal

1. Em caso de atitudes de desrespeito ao Tribunal, tal como perturbar a audiência ou recusar-se deliberadamente a cumprir as suas instruções, o Tribunal poderá impor sanções administrativas que não impliquem privação de liberdade, como, por exemplo, a expulsão temporária ou permanente da sala de audiências, a multa ou outra medida similar prevista no Regulamento Processual.

2. O processo de imposição das medidas a que se refere o número anterior reger-se-á pelo Regulamento Processual.

Artigo 72
Proteção de Informação Relativa à Segurança Nacional

1. O presente artigo aplicar-se-á a todos os casos em que a divulgação de informação ou de documentos de um Estado possa, no entender deste, afetar os interesses da sua segurança nacional. Tais casos incluem os abrangidos pelas disposições constantes dos parágrafos 2º e 3º do artigo 56, parágrafo 3º do artigo 61, parágrafo 3º do artigo 64, parágrafo 2º do artigo 67, parágrafo 6 do artigo 68, parágrafo 6 do artigo 87 e do artigo 93, assim como os que se apresentem em qualquer outra fase do processo em que uma tal divulgação possa estar em causa.

2. O presente artigo aplicar-se-á igualmente aos casos em que uma pessoa a quem tenha sido solicitada a prestação de informação ou provas, se tenha recusado a apresenta-las ou tenha entregue a questão ao Estado, invocando que tal divulgação afetaria os interesses da segurança nacional do Estado, e o Estado em causa confirme que, no seu entender, essa divulgação afetaria os interesses da sua segurança nacional.

3. Nada no presente artigo afetará os requisitos de confidencialidade a que se referem as alíneas *e*) e *f*) do parágrafo 3º do artigo 54, nem a aplicação do artigo 73.

4. Se um Estado tiver conhecimento de que informações ou documentos do Estado estão a ser, ou poderão vir a ser, divulgados em qualquer fase do processo, e considerar que essa divulgação afetaria os seus interesses de segurança nacional, tal Estado terá o direito de intervir com vista a ver alcançada a resolução desta questão em conformidade com o presente artigo.

5. O Estado que considere que a divulgação de determinada informação poderá afetar os seus interesses de segurança nacional adotará, em conjunto com o Procurador, a defesa, o Juízo de Instrução ou o Juízo de Julgamento em Primeira Instância, conforme o caso, todas as medidas razoavelmente possíveis para encontrar uma solução através da concertação. Estas medidas poderão incluir:

a) A alteração ou o esclarecimento dos motivos do pedido;

b) Uma decisão do Tribunal relativa à relevância das informações ou dos elementos de prova solicitados, ou uma decisão sobre se as provas, ainda que relevantes, não poderiam ser ou ter sido obtidas junto de fonte distinta do Estado requerido;

c) A obtenção da informação ou de provas de fonte distinta ou em uma forma diferente; ou

d) Um acordo sobre as condições em que a assistência poderá ser prestada, incluindo, entre outras, a disponibilização de resumos ou exposições, restrições à divulgação, recurso ao procedimento à porta fechada ou à revelia de uma das partes, ou aplicação de outras medidas de proteção permitidas pelo Estatuto ou pelas Regulamento Processual.

6. Realizadas todas as diligências razoavelmente possíveis com vista a resolver a questão por meio de concertação, e se o Estado considerar não haver meios nem condições para que as informações ou os documentos possam ser fornecidos ou revelados sem prejuízo dos seus interesses de segurança nacional, notificará o Procurador ou o Tribunal nesse sentido, indicando as razões precisas que fundamentaram a sua decisão, a menos que a descrição específica dessas razões prejudique, necessariamente, os interesses de segurança nacional do Estado.

7. Posteriormente, se decidir que a prova é relevante e necessária para a determinação da culpa ou inocência do acusado, o Tribunal poderá adotar as seguintes medidas:

a) Quando a divulgação da informação ou do documento for solicitada no âmbito de um pedido de cooperação, nos termos da Parte IX do presente Estatuto ou nas circunstâncias a que se refere o parágrafo 2º do presente artigo, e o Estado invocar o motivo de recusa estatuído no parágrafo 4° do artigo 93:

i) O Tribunal poderá, antes de chegar a qualquer uma das conclusões a que se refere o ponto ii) da alínea *a)* do parágrafo 7º, solicitar consultas suplementares com o fim de ouvir o Estado, incluindo, se for caso disso, a sua realização à porta fechada ou à revelia de uma das partes;

ii) Se o Tribunal concluir que, ao invocar o motivo de recusa estatuído no parágrafo 4º do artigo 93, dadas as circunstâncias do caso, o Estado requerido não está a atuar de harmonia com as obrigações impostas pelo presente Estatuto, poderá remeter a questão nos termos do parágrafo 7 do artigo 87, especificando as razões da sua conclusão; e

iii) O Tribunal poderá tirar as conclusões, que entender apropriadas, em razão das circunstâncias, ao julgar o acusado, quanto à existência ou inexistência de um fato; ou

b) Em todas as restantes circunstâncias:

i) Ordenar a revelação; ou

ii) Se não ordenar a revelação, inferir, no julgamento do acusado, quanto à existência ou inexistência de um fato, conforme se mostrar apropriado.

Artigo 73
Informação ou Documentos Disponibilizados por Terceiros

Se um Estado Parte receber um pedido do Tribunal para que lhe forneça uma informação ou um documento que esteja sob sua custódia, posse ou controle, e que lhe tenha sido comunicado a título confidencial por um Estado, uma organização intergovernamental ou uma organização internacional, tal Estado Parte deverá obter o consentimento do seu autor para a divulgação dessa informação ou documento. Se o autor for um Estado Parte, este poderá consentir em divulgar a referida informação ou documento ou comprometer-se a resolver a questão com o Tribunal, salvaguardando-se o disposto no artigo 72. Se o autor não for um Estado Parte e não consentir em divulgar a informação ou o documento, o Estado requerido comunicará ao Tribunal que não lhe será possível fornecer a informação ou o documento em causa, devido à obrigação previamente assumida com o respectivo autor de preservar o seu caráter confidencial.

Artigo 74
Requisitos para a Decisão

1. Todos os juízes do Juízo de Julgamento em Primeira Instância estarão presentes em cada uma das fases do julgamento e nas deliberações. A Presidência poderá designar, conforme o caso, um ou vários juízes substitutos, em função das disponibilidades, para estarem presentes em todas as fases do julgamento, bem coma para substituírem qualquer membro do Juízo de Julgamento em Primeira Instância que se encontre impossibilitado de continuar a participar no julgamento.

2. O Juízo de Julgamento em Primeira Instância fundamentará a sua decisão com base na apreciação das provas e do processo no seu conjunto. A decisão não exorbitará dos fatos e circunstâncias descritos na acusação ou nas alterações que lhe tenham sido feitas. O Tribunal fundamentará a sua decisão exclusivamente nas provas produzidas ou examinadas em audiência de julgamento.

3. Os juízes procurarão tomar uma decisão por unanimidade e, não sendo possível, por maioria.

4. As deliberações do Juízo de Julgamento em Primeira Instância serão e permanecerão secretas.

5. A decisão será proferida por escrito e conterá uma exposição completa e fundamentada da apreciação das provas e as conclusões do Juízo de Julgamento em Primeira Instância. Será proferida uma só decisão pelo Juízo de Julgamento em Primeira Instância. Se não houver unanimidade, a decisão do Juízo de Julgamento em Primeira Instância conterá as opiniões tanto da maioria como da minoria dos juízes. A leitura da decisão ou de uma sua súmula far-se-á em audiência pública.

Artigo 75
Reparação em Favor das Vítimas

1. O Tribunal estabelecerá princípios aplicáveis às formas de reparação, tais como a restituição, a indenização ou a reabilitação, que hajam de ser atribuídas às vítimas ou aos titulares desse direito. Nesta base, o Tribunal poderá, de ofício ou por requerimento, em circunstâncias excepcionais, determinar a extensão e o nível dos danos, da perda ou do prejuízo causados às vítimas ou aos titulares do direito à reparação, com a indicação dos princípios nos quais fundamentou a sua decisão.

2. O Tribunal poderá lavrar despacho contra a pessoa condenada, no qual determinará a reparação adequada a ser atribuída às vítimas ou aos titulares de tal direito. Esta reparação poderá, nomeadamente, assumir a forma de restituição, indenização ou reabilitação. Se for caso disso, o Tribunal poderá ordenar que a indenização atribuída a título de reparação seja paga por intermédio do Fundo previsto no artigo 79.

3. Antes de lavrar qualquer despacho ao abrigo do presente artigo, o Tribunal poderá solicitar e levar em consideração as pretensões formuladas pela pessoa condenada, pelas vítimas, por outras pessoas interessadas ou por outros Estados interessados, bem como as observações formuladas em nome dessas pessoas ou desses Estados.

4. Ao exercer os poderes conferidos pelo presente artigo, o Tribunal poderá, após a condenação por crime que seja da sua competência, determinar se, para fins de aplicação dos despachos que lavrar ao abrigo do presente artigo, será necessário tomar quaisquer medidas em conformidade com o parágrafo 1º do artigo 93.

5. Os Estados Partes observarão as decisões proferidas nos termos deste artigo como se as disposições do artigo 109 se aplicassem ao presente artigo.

6. Nada no presente artigo será interpretado como prejudicando os direitos reconhecidos às vítimas pelo direito interno ou internacional.

Artigo 76
Aplicação da Pena

1. Em caso de condenação, o Juízo de Julgamento em Primeira Instância determinará a pena a aplicar tendo em conta os elementos de prova e as exposições relevantes produzidos no decurso do julgamento,

2. Salvo nos casos em que seja aplicado o artigo 65 e antes de concluído o julgamento, o Juízo de Julgamento em Primeira Instância poderá, oficiosamente, e deverá, a requerimento do Procurador ou do acusado, convocar uma audiência suplementar, a fim de conhecer de quaisquer novos elementos de prova ou exposições relevantes para a determinação da pena, de harmonia com o Regulamento Processual.

3. Sempre que o parágrafo 2º for aplicável, as pretensões previstas no artigo 75 serão ouvidas pelo Juízo de Julgamento em Primeira Instância no decorrer da audiência suplementar referida no parágrafo 2º e, se necessário, no decorrer de qualquer nova audiência.

4. A sentença será proferida em audiência pública e, sempre que possível, na presença do acusado.

Capítulo VII
AS PENAS

Artigo 77
Penas Aplicáveis

1. Sem prejuízo do disposto no artigo 110, o Tribunal pode impor à pessoa condenada por um dos crimes previstos no artigo 5º do presente Estatuto uma das seguintes penas:

a) Pena de prisão por um número determinado de anos, até ao limite máximo de 30 anos; ou

b) Pena de prisão perpétua, se o elevado grau de ilicitude do fato e as condições pessoais do condenado o justificarem,

2. Além da pena de prisão, o Tribunal poderá aplicar:

a) Uma multa, de acordo com os critérios previstos no Regulamento Processual;

b) A perda de produtos, bens e haveres provenientes, direta ou indiretamente, do crime, sem prejuízo dos direitos de terceiros que tenham agido de boa fé.

Artigo 78
Determinação da pena

1. Na determinação da pena, o Tribunal atenderá, em harmonia com o Regulamento Processual, a fatores tais como a gravidade do crime e as condições pessoais do condenado.

2. O Tribunal descontará, na pena de prisão que vier a aplicar, o período durante o qual o acusado esteve sob detenção por ordem daquele. O Tribunal poderá ainda descontar qualquer outro período de detenção que tenha sido cumprido em razão de uma conduta constitutiva do crime.

3. Se uma pessoa for condenada pela prática de vários crimes, o Tribunal aplicará penas de prisão parcelares relativamente a cada um dos crimes e uma pena única, na qual será especificada a duração total da pena de prisão. Esta duração não poderá ser inferior à da pena parcelar mais elevada e não poderá ser superior a 30 anos de prisão ou ir além da pena de prisão perpétua prevista no artigo 77, parágrafo 1º, alínea *b*).

Artigo 79
Fundo em Favor das Vítimas

1. Por decisão da Assembleia dos Estados Partes, será criado um Fundo a favor das vítimas de crimes da competência do Tribunal, bem como das respectivas famílias.

2. O Tribunal poderá ordenar que o produto das multas e quaisquer outros bens declarados perdidos revertam para o Fundo.

3. O Fundo será gerido em harmonia com os critérios a serem adotados pela Assembleia dos Estados Partes.

Artigo 80
Não Interferência no Regime de Aplicação de Penas Nacionais e nos Direitos Internos

Nada no presente Capítulo prejudicará a aplicação, pelos Estados, das penas previstas nos respectivos direitos internos, ou a aplicação da legislação de Estados que não preveja as penas referidas neste capítulo.

Capítulo VIII
RECURSO E REVISÃO

Artigo 81
Recurso da Sentença Condenatória ou Absolutória ou da Pena

1. A sentença proferida nos termos do artigo 74 é recorrível em conformidade com o disposto no Regulamento Processual nos seguintes termos:

a) O Procurador poderá interpor recurso com base num dos seguintes fundamentos:

i) Vício processual;

ii) Erro de fato; ou

iii) Erro de direito;

b) O condenado ou o Procurador, no interesse daquele; poderá interpor recurso com base num dos seguintes fundamentos:

i) Vício processual;

ii) Erro de fato;

iii) Erro de direito; ou

iv) Qualquer outro motivo suscetível de afetar a equidade ou a regularidade do processo ou da sentença.

2. a) O Procurador ou o condenado poderá, em conformidade com o Regulamento Processual, interpor recurso da pena decretada invocando desproporção entre esta e o crime;

b) Se, ao conhecer de recurso interposto da pena decretada, o Tribunal considerar que há fundamentos suscetíveis de justificar a anulação, no todo ou em parte, da sentença condenatória, poderá convidar o Procurador e o condenado a motivarem a sua posição nos termos da alínea *a)* ou *b)* do parágrafo 1º do artigo 81, após o que poderá pronunciar-se sobre a sentença condenatória nos termos do artigo 83;

c) O mesmo procedimento será aplicado sempre que o Tribunal, ao conhecer de recurso interposto unicamente da sentença condenatória, considerar haver fundamentos comprovativos de uma redução da pena nos termos da alínea *a)* do parágrafo 2º.

3. a) Salvo decisão em contrário do Juízo de Julgamento em Primeira Instância, o condenado permanecerá sob prisão preventiva durante a tramitação do recurso;

b) Se o período de prisão preventiva ultrapassar a duração da pena decretada, o condenado será posto em liberdade; todavia, se o Procurador também interpuser recurso, a libertação ficará sujeita às condições enunciadas na alínea *c)* infra;

c) Em caso de absolvição, o acusado será imediatamente posto em liberdade, sem prejuízo das seguintes condições:

i) Em circunstâncias excepcionais e tendo em conta, nomeadamente, o risco de fuga, a gravidade da infração e as probabilidades de o recurso ser julgado procedente, o Juízo de Julgamento em Primeira Instância poderá, a requerimento do Procurador, ordenar que o acusado seja mantido em regime de prisão preventiva durante a tramitação do recurso;

ii) A decisão proferida pelo juízo de julgamento em primeira instância nos termos da sub-alínea i), será recorrível em harmonia com as Regulamento Processual.

4. Sem prejuízo do disposto nas alíneas *a)* e *b)* do parágrafo 3º, a execução da sentença condenatória ou da pena ficará suspensa pelo período fixado para a interposição do recurso, bem como durante a fase de tramitação do recurso.

Artigo 82
Recurso de Outras Decisões

1. Em conformidade com o Regulamento Processual, qualquer uma das Partes poderá recorrer das seguintes decisões:

a) Decisão sobre a competência ou a admissibilidade do caso;

b) Decisão que autorize ou recuse a libertação da pessoa objeto de inquérito ou de procedimento criminal;

c) Decisão do Juízo de Instrução de agir por iniciativa própria, nos termos do parágrafo 3º do artigo 56;

d) Decisão relativa a uma questão suscetível de afetar significativamente a tramitação equitativa e célere do processo ou o resultado do julgamento, e cuja resolução imediata pelo Juízo de Recursos poderia, no entender do Juízo de Instrução ou do Juízo de Julgamento em Primeira Instância, acelerar a marcha do processo.

2. Quer o Estado interessado quer o Procurador poderão recorrer da decisão proferida pelo Juízo de Instrução, mediante autorização deste, nos termos do artigo 57, parágrafo 3º, alínea *d)*. Este recurso adotará uma forma sumária.

3. O recurso só terá efeito suspensivo se o Juízo de Recursos assim o ordenar, mediante requerimento, em conformidade com o Regulamento Processual.

4. O representante legal das vítimas, o condenado ou o proprietário de boa fé de bens que hajam sido afetados por um despacho proferido ao abrigo do artigo 75 poderá recorrer de tal despacho, em conformidade com o Regulamento Processual.

Artigo 83
Processo Sujeito a Recurso

1. Para os fins do procedimentos referido no artigo 81 e no presente artigo, o Juízo de Recursos terá todos os poderes conferidos ao Juízo de Julgamento em Primeira Instância.

2. Se o Juízo de Recursos concluir que o processo sujeito a recurso padece de vícios tais que afetem a regularidade da decisão ou da sentença, ou que a decisão ou a sentença recorridas estão materialmente afetadas por erros de fato ou de direito, ou vício processual, ela poderá:

a) Anular ou modificar a decisão ou a pena; ou

b) Ordenar um novo julgamento perante um outro Juízo de Julgamento em Primeira Instância.

Para os fins mencionados, poderá o Juízo de Recursos reenviar uma questão de fato para o Juízo de Julgamento em Primeira Instância à qual foi submetida originariamente, a fim de que esta decida a questão e lhe apresente um relatório, ou pedir, ela própria, elementos de prova para decidir. Tendo o recurso da decisão ou da pena sido interposto somente pelo condenado, ou pelo Procurador no interesse daquele, não poderão aquelas ser modificadas em prejuízo do condenado.

3. Se, ao conhecer, do recurso de uma pena, o Juízo de Recursos considerar que a pena é desproporcionada relativamente ao crime, poderá modificá-la nos termos do Capítulo VII.

4. O acórdão do Juízo de Recursos será tirado por maioria dos juízes e proferido em audiência pública. O acórdão será sempre fundamentado. Não havendo unanimidade, deverá conter as opiniões da parte maioria e da minoria de juízes; contudo, qualquer juiz poderá exprimir uma opinião separada ou discordante sobre uma questão de direito.

5. O Juízo de Recursos poderá emitir o seu acórdão na ausência da pessoa absolvida ou condenada.

Artigo 84
Revisão da Sentença Condenatória ou da Pena

1. O condenado ou, se este tiver falecido, o cônjuge sobrevivo, os filhos, os pais ou qualquer pessoa que, em vida do condenado, dele tenha recebido incumbência expressa, por escrito, nesse sentido, ou o Procurador no seu interesse, poderá submeter ao Juízo de Recursos um requerimento solicitando a revisão da sentença condenatória ou da pena pelos seguintes motivos:

a) A descoberta de novos elementos de prova:

i) De que não dispunha ao tempo do julgamento, sem que essa circunstância pudesse ser imputada, no todo ou em parte, ao requerente; e

ii) De tal forma importantes que, se tivessem ficado provados no julgamento, teriam provavelmente conduzido a um veredicto diferente;

b) A descoberta de que elementos de prova, apreciados no julgamento e decisivos para a determinação da culpa, eram falsos ou tinham sido objeto de contrafação ou falsificação;

c) Um ou vários dos juízes que intervieram na sentença condenatória ou confirmaram a acusação hajam praticado atos de conduta reprovável ou de incumprimento dos respectivos deveres de tal forma graves que justifiquem a sua cessação de funções nos termos do artigo 46.

2. O Juízo de Recursos rejeitará o pedido se o considerar manifestamente infundado. Caso contrário, poderá o Juízo, se julgar oportuno:

a) Convocar de novo o Juízo de Julgamento em Primeira Instância que proferiu a sentença inicial;

b) Constituir um novo Juízo de Julgamento em Primeira Instância; ou

c) Manter a sua competência para conhecer da causa, a fim de determinar se, após a audição das partes nos termos do Regulamento Processual, haverá lugar à revisão da sentença.

Artigo 85
Indenização do Detido ou Condenado

1. Quem tiver sido objeto de detenção ou prisão ilegal terá direito a reparação.

2. Sempre que uma decisão final seja posteriormente anulada em razão de fatos novos ou recentemente descobertos que apontem inequivocamente para um erro judiciário, a pessoa que tiver cumprido pena em resultado de tal sentença condenatória será indenizada, em conformidade com a lei, a menos que fique provado que a não revelação, em tempo útil, do fato desconhecido lhe seja imputável, no todo ou em parte.

3. Em circunstâncias excepcionais e em face de fatos que conclusivamente demonstrem a existência de erro judiciário grave e manifesto, o Tribunal poderá, no uso do seu poder discricionário, atribuir uma indenização, de acordo com os critérios enunciados no Regulamento Processual, à pessoa que, em virtude de sentença absolutória ou de extinção da instância por tal motivo, haja sido posta em liberdade.

Capítulo IX
COOPERAÇÃO INTERNACIONAL E AUXÍLIO JUDICIÁRIO

Artigo 86
Obrigação Geral de Cooperar

Os Estados Partes deverão, em conformidade com o disposto no presente Estatuto, cooperar plenamente com o Tribunal no inquérito e no procedimento contra crimes da competência deste.

Artigo 87
Pedidos de Cooperação: Disposições Gerais

1. a) O Tribunal estará habilitado a dirigir pedidos de cooperação aos Estados Partes. Estes pedidos serão transmitidos pela via diplomática ou por qualquer outra via apropriada escolhida pelo Estado Parte no momento de ratificação, aceitação, aprovação ou adesão ao presente Estatuto.

Qualquer Estado Parte poderá alterar posteriormente a escolha feita nos termos do Regulamento Processual.

b) Se for caso disso, e sem prejuízo do disposto na alínea *a*), os pedidos poderão ser igualmente transmitidos pela Organização internacional de Polícia Criminal (INTERPOL) ou por qualquer outra organização regional competente.

2. Os pedidos de cooperação e os documentos comprovativos que os instruam serão redigidos na língua oficial do Estado requerido ou acompanhados de uma tradução nessa língua, ou numa das línguas de trabalho do Tribunal ou acompanhados de uma tradução numa dessas línguas, de acordo com a escolha feita pelo Estado requerido no momento da ratificação, aceitação, aprovação ou adesão ao presente Estatuto.

Qualquer alteração posterior será feita de harmonia com o Regulamento Processual.

3. O Estado requerido manterá a confidencialidade dos pedidos de cooperação e dos documentos comprovativos que os instruam, salvo quando a sua revelação for necessária para a execução do pedido.

4. Relativamente aos pedidos de auxílio formulados ao abrigo do presente Capítulo, o Tribunal poderá, nomeadamente em matéria de proteção da informação, tomar as medidas necessárias à garantia da segurança e do bem-estar físico ou psicológico das vítimas, das potenciais testemunhas e dos seus familiares. O Tribunal poderá solicitar que as informações fornecidas ao abrigo do presente Capítulo sejam comunicadas e tratadas por forma a que a segurança e o bem-estar físico ou psicológico das vítimas, das potenciais testemunhas e dos seus familiares sejam devidamente preservados.

5. a) O Tribunal poderá convidar qualquer Estado que não seja Parte no presente Estatuto a prestar auxílio ao abrigo do presente Capítulo com base num convênio *ad hoc*, num acordo celebrado com esse Estado ou por qualquer outro modo apropriado.

b) Se, após a celebração de um convênio *ad hoc* ou de um acordo com o Tribunal, um Estado que não seja Parte no presente Estatuto se recusar a cooperar nos termos de tal convênio ou acordo, o Tribunal dará conhecimento desse fato à Assembleia dos Estados Parles ou ao Conselho de Segurança, quando tiver sido este a referenciar o fato ao Tribunal.

6. O Tribunal poderá solicitar informações ou documentos a qualquer organização intergovernamental. Poderá igualmente requerer outras formas de cooperação e auxílio a serem acordadas com tal organização e que estejam em conformidade com a sua competência ou o seu mandato.

7. Se, contrariamente ao disposto no presente Estatuto, um Estado Parte recusar um pedido de cooperação formulado pelo Tribunal, impedindo-o assim de exercer os seus poderes e funções nos termos do presente Estatuto, o Tribunal poderá elaborar um relatório e remeter a questão à Assembleia dos Estados Partes ou ao Conselho de Segurança, quando tiver sido este a submeter o fato ao Tribunal.

Artigo 88
Procedimentos Previstos no Direito Interno

Os Estados Partes deverão assegurar-se de que o seu direito interno prevê procedimentos que permitam responder a todas as formas de cooperação especificadas neste Capítulo.

Artigo 89
Entrega de Pessoas ao Tribunal

1. O Tribunal poderá dirigir um pedido de detenção e entrega de uma pessoa, instruído com os documentos comprovativos referidos no artigo 91, a qualquer Estado em cujo território essa pessoa se possa encontrar, e solicitar a cooperação desse Estado na detenção e entrega da pessoa em causa. Os Estados Partes darão satisfação aos pedidos de detenção e de entrega em conformidade com o presente Capítulo e com os procedimentos previstos nos respectivos direitos internos.

2. Sempre que a pessoa cuja entrega é solicitada impugnar a sua entrega perante um tribunal nacional com, base no princípio *ne bis in idem* previsto no artigo 20, o Estado requerido consultará, de imediato, o Tribunal para determinar se houve uma decisão relevante sobre a admissibilidade. Se o caso for considerado admissível, o Estado requerido dará seguimento ao pedido. Se estiver pendente decisão sobre a admissibilidade, o Estado requerido poderá diferir a execução do pedido até que o Tribunal se pronuncie.

3. a) Os Estados Partes autorizarão, de acordo com os procedimentos previstos na respectiva legislação nacional, o trânsito, pelo seu território, de uma pessoa entregue ao Tribunal por um outro Estado, salvo quando o trânsito por esse Estado impedir ou retardar a entrega.

b) Um pedido de trânsito formulado pelo Tribunal será transmitido em conformidade com o artigo 87. Do pedido de trânsito constarão:

i) A identificação da pessoa transportada;

ii) Um resumo dos fatos e da respectiva qualificação jurídica;

iii) O mandado de detenção e entrega.

c) A pessoa transportada será mantida sob custódia no decurso do trânsito.

d) Nenhuma autorização será necessária se a pessoa for transportada por via aérea e não esteja prevista qualquer aterrissagem no território do Estado de trânsito.

e) Se ocorrer, uma aterrissagem imprevista no território do Estado de trânsito, poderá este exigir ao Tribunal a apresentação de um pedido de trânsito nos termos previstos na alínea *b*). O Estado de trânsito manterá a pessoa sob detenção até a recepção do pedido de trânsito e a efetivação do trânsito. Todavia, a detenção ao abrigo da presente alínea não poderá prolongar-se para além das 96 horas subsequentes à aterrissagem imprevista se o pedido não for recebido dentro desse prazo.

4. Se a pessoa reclamada for objeto de procedimento criminal ou estiver cumprindo uma pena no Estado requerido por crime diverso do que motivou o pedido de entrega ao Tribunal, este Estado consultará o Tribunal após ter decidido anuir ao pedido

Artigo 90
Pedidos Concorrentes

1. Um Estado Parte que, nos termos do artigo 89, receba um pedido de entrega de uma pessoa formulado pelo Tribunal, e receba igualmente, de qualquer outro Estado, um pedido de extradição relativo à mesma pessoa, pelos mesmos fatos que motivaram o pedido de entrega por parte do Tribunal, deverá notificar o Tribunal e o Estado requerente de tal fato.

2. Se o Estado requerente for um Estado Parte, o Estado requerido dará prioridade ao pedido do Tribunal:

a) Se o Tribunal tiver decidido, nos termos do artigo 18 ou 19, da admissibilidade do caso a que respeita o pedido de entrega, e tal determinação tiver levado em conta o inquérito ou o procedimento criminal conduzido pelo Estado requerente relativamente ao pedido de extradição por este formulado; ou

b) Se o Tribunal tiver tomado a decisão referida na alínea *a)* em conformidade com a notificação feita pelo Estado requerido, em aplicação do parágrafo 1º.

3. Se o Tribunal não tiver tomado uma decisão nos termos da alínea a) do parágrafo 2º, o Estado requerido poderá, se assim o entender, estando pendente a determinação do Tribunal nos termos da alínea b) do parágrafo 2º, dar seguimento ao pedido de extradição formulado pelo Estado requerente sem, contudo, extraditar a pessoa até que o Tribunal decida sobre a admissibilidade do caso. A decisão do Tribunal seguirá a forma sumária.

4. Se o Estado requerente não for Parte no presente Estatuto, o Estado requerido, desde que não esteja obrigado por uma norma internacional a extraditar o acusado para o Estado requerente, dará prioridade ao pedido de entrega formulado pelo Tribunal, no caso de este se ter decidido pela admissibilidade do caso.

5. Quando um caso previsto no parágrafo 4º não tiver sido declarado admissível pelo Tribunal, o Estado requerido poderá, se assim o entender, dar seguimento ao pedido de extradição formulado pelo Estado requerente.

6. Relativamente aos casos em que o disposto no parágrafo 4º seja aplicável, mas o Estado requerido se veja obrigado, por força de uma norma internacional, a extraditar a pessoa para o Estado requerente que não seja Parte no presente Estatuto, o Estado requerido decidirá se procederá à entrega da pessoa em causa ao Tribunal ou se a extraditará para o Estado requerente. Na sua decisão, o Estado requerido terá em conta todos os fatores relevantes, incluindo, entre outros

a) A ordem cronológica dos pedidos;

b) Os interesses do Estado requerente, incluindo, se relevante, se o crime foi cometido no seu território bem como a nacionalidade das vítimas e da pessoa reclamada; e

c) A possibilidade de o Estado requerente vir a proceder posteriormente à entrega da pessoa ao Tribunal.

7. Se um Estado Parte receber um pedido de entrega de uma pessoa formulado pelo Tribunal e um pedido de extradição formulado por um outro Estado Parte relativamente à mesma pessoa, por fatos diferentes dos que constituem o crime objeto do pedido de entrega:

a) O Estado requerido dará prioridade ao pedido do Tribunal, se não estiver obrigado por uma norma internacional a extraditar a pessoa para o Estado requerente;

b) O Estado requerido terá de decidir se entrega a pessoa ao Tribunal ou a extradita para o Estado requerente, se estiver obrigado por uma norma internacional a extraditar a pessoa para o Estado requerente. Na sua decisão, o Estado requerido considerará todos os fatores relevantes, incluindo, entre outros, os constantes do parágrafo 6; todavia, deverá dar especial atenção à natureza e à gravidade dos fatos em causa.

8. Se, em conformidade com a notificação prevista no presente artigo, o Tribunal se tiver pronunciado pela inadmissibilidade do caso e, posteriormente, a extradição para o Estado requerente for recusada, o Estado requerido notificará o Tribunal dessa decisão.

Artigo 91
Conteúdo do Pedido de Detenção e de Entrega

1. O pedido de detenção e de entrega será formulado por escrito. Em caso de urgência, o pedido poderá ser feito através de qualquer outro meio de que fique registro escrito, devendo, no entanto, ser confirmado através dos canais previstos na alínea *a)* do parágrafo 1º do artigo 87,

2. O pedido de detenção e entrega de uma pessoa relativamente à qual o Juízo de Instrução tiver emitido um mandado de detenção ao abrigo do artigo 58, deverá conter ou ser acompanhado dos seguintes documentos:

a) Uma descrição da pessoa procurada, contendo informação suficiente que permita a sua identificação, bem como informação sobre a sua provável localização;

b) Uma cópia do mandado de detenção; e

c) Os documentos, declarações e informações necessários para satisfazer os requisitos do processo de entrega pelo Estado requerido; contudo, tais requisitos não deverão ser mais rigorosos dos que os que devem ser observados em caso de um pedido de extradição em conformidade com tratados ou convênios celebrados entre o Estado requerido e outros Estados, devendo, se possível, ser menos rigorosos face à natureza específica de que se reveste o Tribunal.

3. Se o pedido respeitar à detenção e à entrega de uma pessoa já condenada, deverá conter ou ser acompanhado dos seguintes documentos:

a) Uma cópia do mandado de detenção dessa pessoa;

b) Uma cópia da sentença condenatória;

c) Elementos que demonstrem que a pessoa procurada é a mesma a que se refere a sentença condenatória; e

d) Se a pessoa já tiver sido condenada, uma cópia da sentença e, em caso de pena de prisão, a indicação do período que já tiver cumprido, bem como o período que ainda lhe falte cumprir.

4. Mediante requerimento do Tribunal, um Estado Parte manterá, no que respeite a questões genéricas ou a uma questão específica, consultas com o Tribunal sobre quaisquer requisitos previstos no seu direito interno que possam ser aplicados nos termos da alínea *c)* do parágrafo 2º. No decurso de tais consultas, o Estado Parte informará o Tribunal dos requisitos específicos constantes do seu direito interno.

Artigo 92
Prisão Preventiva

1. Em caso de urgência, o Tribunal poderá solicitar a prisão preventiva da pessoa procurada até a apresentação do pedido de entrega e os documentos de apoio referidos no artigo 91.

2. O pedido de prisão preventiva será transmitido por qualquer meio de que fique registro escrito e conterá:

a) Uma descrição da pessoa procurada, contendo informação suficiente que permita a sua identificação, bem como informação sobre a sua provável localização;

b) Uma exposição sucinta dos crimes pelos quais a pessoa é procurada, bem como dos fatos alegadamente constitutivos de tais crimes incluindo, se possível, a data e o local da sua prática;

c) Uma declaração que certifique a existência de um mandado de detenção ou de uma decisão condenatória contra a pessoa procurada; e

d) Uma declaração de que o pedido de entrega relativo à pessoa procurada será enviado posteriormente.

3. Qualquer pessoa mantida sob prisão preventiva poderá ser posta em liberdade se o Estado requerido não tiver recebido, em conformidade com o artigo 91, o pedido de entrega e os respectivos documentos no prazo fixado pelo Regulamento Processual. Todavia, essa pessoa poderá consentir na sua entrega antes do termo do período se a legislação do Estado requerido o permitir. Nesse caso, o Estado requerido procede à entrega da pessoa reclamada ao Tribunal, o mais rapidamente possível.

4. O fato de a pessoa reclamada ter sido posta em liberdade em conformidade com o parágrafo 3° não obstará a que seja de novo detida e entregue se o pedido de entrega e os documentos em apoio, vierem a ser apresentados posteriormente.

Artigo 93
Outras Formas de Cooperação

1. Em conformidade com o disposto no presente Capítulo e nos termos dos procedimentos previstos nos respectivos direitos internos, os Estados Partes darão seguimento aos pedidos formulados pelo Tribunal para concessão de auxílio, no âmbito de inquéritos ou procedimentos criminais, no que se refere a:

a) Identificar uma pessoa e o local onde se encontra, ou localizar objetos;

b) Reunir elementos de prova, incluindo os depoimentos prestados sob juramento, bem como produzir elementos de prova, incluindo perícias e relatórios de que o Tribunal necessita;

c) Interrogar qualquer pessoa que seja objeto de inquérito ou de procedimento criminal;

d) Notificar documentos, nomeadamente documentos judiciários;

e) Facilitar o comparecimento voluntária, perante o Tribunal, de pessoas que deponham na qualidade de testemunhas ou de peritos;

f) Proceder à transferência temporária de pessoas, em conformidade com o parágrafo 7°;

g) Realizar inspeções, nomeadamente a exumação e o exame de cadáveres enterrados em fossas comuns;

h) Realizar buscas e apreensões;

i) Transmitir registros e documentos, nomeadamente registros e documentos oficiais;

j) Proteger vítimas e testemunhas, bem como preservar elementos de prova;

k) Identificar, localizar e congelar ou apreender o produto de crimes, bens, haveres e instrumentos ligados aos crimes, com vista à sua eventual declaração de perda, sem prejuízo dos direitos de terceiros de boa fé; e

l) Prestar qualquer outra forma de auxílio não proibida pela legislação do Estado requerido, destinada a facilitar o inquérito e o julgamento por crimes da competência do Tribunal.

2. O Tribunal tem poderes para garantir à testemunha ou ao perito que perante ele compareça de que não serão perseguidos, detidos ou sujeitos a qualquer outra restrição da sua liberdade pessoal, por fato ou omissão anteriores à sua saída do território do Estado requerido.

3. Se a execução de uma determinada medida de auxílio constante de um pedido apresentado ao abrigo do parágrafo 1º não for permitida no Estado requerido em virtude de um princípio jurídico fundamental de aplicação geral, o Estado em causa iniciará sem demora consultas com o Tribunal com vista à solução dessa questão. No decurso das consultas, serão consideradas outras formas de auxílio, bem como as condições da sua realização. Se, concluídas as consultas, a questão não estiver resolvida, o Tribunal alterará o conteúdo do pedido conforme se mostrar necessário.

4. Nos termos do disposto no artigo 72, um Estado Parte só poderá recusar, no todo ou em parte, um pedido de auxílio formulado pelo Tribunal se tal pedido se reportar unicamente à produção de documentos ou à divulgação de elementos de prova que atentem contra a sua segurança nacional.

5. Antes de denegar o pedido de auxílio previsto na alínea *l)* do parágrafo 1º, o Estado requerido considerará se o auxílio poderá ser concedido sob determinadas condições ou se poderá sê-lo em data ulterior ou sob uma outra forma, com a ressalva de que, se o Tribunal ou o Procurador aceitarem tais condições, deverão observá-las.

6. O Estado requerido que recusar um pedido de auxílio comunicará, sem demora, os motivos ao Tribunal ou ao Procurador.

7. a) O Tribunal poderá pedir a transferência temporária de uma pessoa detida para fins de identificação ou para obter um depoimento ou outras forma de auxílio. A transferência realizar-se-á sempre que:

i) A pessoa der o seu consentimento, livremente e com conhecimento de causa; e

ii) O Estado requerido concordar com a transferência, sem prejuízo das condições que esse Estado e o Tribunal possam acordar;

b) A pessoa transferida permanecerá detida. Esgotado o fim que determinou a transferência, o Tribunal reenviá-la-á imediatamente para o Estado requerido.

8. a) O Tribunal garantirá a confidencialidade dos documentos e das informações recolhidas, exceto se necessários para o inquérito e os procedimentos descritos no pedido;

b) O Estado requerido poderá, se necessário, comunicar os documentos ou as informações ao Procurador a título confidencial. O Procurador só poderá utilizá-los para recolher novos elementos de prova;

c) O Estado requerido poderá, de ofício ou a pedido do Procurador, autorizar a divulgação posterior de tais documentos ou informações; os quais poderão ser utilizados como meios de prova, nos termos do disposto nos Capítulos V e VI e no Regulamento Processual.

9. a) i) Se um Estado Parte receber pedidos concorrentes formulados pelo Tribunal e por um outro Estado, no âmbito de uma obrigação internacional, e cujo objeto não seja nem a entrega nem a extradição, esforçar-se-á, mediante consultas com o Tribunal e esse outro Estado, por dar satisfação a ambos os pedidos adiando ou estabelecendo determinadas condições a um ou outro pedido, se necessário.

ii) Não sendo possível, os pedidos concorrentes observarão os princípios fixados no artigo 90.

b) Todavia, sempre que o pedido formulado pelo Tribunal respeitar a informações, bens ou pessoas que estejam sob o controle de um Estado terceiro ou de uma organização internacional ao abrigo de um acordo internacional, os Estados requeridos informarão o Tribunal em conformidade, este dirigirá o seu pedido ao Estado terceiro ou à organização internacional.

10. a) Mediante pedido, o Tribunal cooperará com um Estado Parte e prestar-lhe-á auxílio na condução de um inquérito ou julgamento relacionado com fatos que constituam um crime da jurisdição do Tribunal ou que constituam um crime grave à luz do direito interno do Estado requerente.

b) i) O auxílio previsto na alínea *a)* deve compreender, a saber:

a. A transmissão de depoimentos, documentos e outros elementos de prova recolhidos no decurso do inquérito ou do julgamento conduzidos pelo Tribunal; e

b. O interrogatório de qualquer pessoa detida por ordem do Tribunal;

ii) No caso previsto na alínea *b)*, i), a;

a. A transmissão dos documentos e de outros elementos de prova obtidos com o auxílio de um Estado necessita do consentimento desse Estado;

b. A transmissão de depoimentos, documentos e outros elementos de prova fornecidos quer por uma testemunha, quer por um perito, será feita em conformidade com o disposto no artigo 68.

c) O Tribunal poderá, em conformidade com as condições enunciadas neste número, deferir um pedido de auxílio formulado por um Estado que não seja parte no presente Estatuto.

Artigo 94
Suspensão da Execução de um Pedido Relativamente a um Inquérito ou a Procedimento Criminal em Curso

1. Se a imediata execução de um pedido prejudicar o desenrolar de um inquérito ou de um procedimento criminal relativos a um caso diferente daquele a que se reporta o pedido, o Estado requerido poderá suspender a execução do pedido por tempo determinado, acordado com o Tribunal. Contudo, a suspensão não deve prolongar-se além do necessário para que o inquérito ou o procedimento criminal em causa sejam efetuados no Estado requerido. Este, antes de decidir suspender a execução do pedido, verificará se o auxílio não poderá ser concedido de imediato sob determinadas condições.

2. Se for decidida a suspensão de execução do pedido em conformidade com o parágrafo 1°, o Procurador poderá, no entanto, solicitar que sejam adotadas medidas para preservar os elementos de prova, nos termos da alínea *j)* do parágrafo 1º do artigo 93.

Artigo 95
Suspensão da Execução de um Pedido por Impugnação de Admissibilidade

Se o Tribunal estiver apreciando uma impugnação de admissibilidade, de acordo com os artigos 18 ou 19, o Estado requerido poderá suspender a execução de um pedido formulado ao abrigo do presente Capítulo enquanto aguarda que o Tribunal se pronuncie, a menos que o Tribunal tenha especificamente ordenado que o Procurador continue a reunir elementos de prova, nos termos dos artigos 18 ou 19.

Artigo 96
Conteúdo do Pedido sob Outras Formas de Cooperarão previstas no Artigo 93

1. Todo o pedido relativo a outras formas de cooperação previstas no artigo 93 será formulado por escrito. Em caso de urgência, o pedido poderá ser feito por qualquer meio que permita manter um registro escrito, desde que seja confirmado através dos canais indicados na alínea *a)* do parágrafo 1º do artigo 87.

2. O pedido deverá conter, ou ser instruído com, os seguintes documentos:

a) Um resumo do objeto do pedido, bem como da natureza do auxílio solicitado, incluindo os fundamentos jurídicos e os motivos do pedido;

b) Informações tão completas quanto possível sobre a pessoa ou o lugar a identificar ou a localizar, por forma a que o auxílio solicitado possa ser prestado;

c) Um exposição sucinta dos fatos essenciais que fundamentam o pedido;

d) A exposição dos motivos e a explicação pormenorizada dos procedimentos ou das condições a respeitar;

e) Toda a informação que o Estado requerido possa exigir de acordo com o seu direito interno para dar seguimento ao pedido; e

f) Toda a informação útil para que o auxílio possa ser concedido.

3. A requerimento do Tribunal, um Estado Parte manterá, no que respeita a questões genéricas ou a uma questão específica, consultas com o Tribunal sobre as disposições aplicáveis do seu direito interno, susceptíveis de serem aplicadas em conformidade com a alínea *e)* do parágrafo 2°. No decurso de tais consultas, o Estado Parte informará o Tribunal das disposições específicas constantes do seu direito interno.

4. O presente artigo aplicar-se-á, se for caso disso, a qualquer pedido de auxílio dirigido ao Tribunal.

Artigo 97
Consultas

Sempre que, ao abrigo do presente Capítulo, um Estado Parte receba um pedido e verifique que este suscita dificuldades que possam obviar à sua execução ou impedi-la, o Estado em causa iniciará, sem demora, as consultas com o Tribunal com vista à solução desta questão. Tais dificuldades podem revestir as seguintes formas:

a) Informações insuficientes para dar seguimento ao pedido;

b) No caso de um pedido de entrega, o paradeiro da pessoa reclamada continuar desconhecido a despeito de todos os esforços ou a investigação realizada permitiu determinar que a pessoa que se encontra no Estado Requerido não é manifestamente a pessoa identificada no mandado; ou

c) O Estado requerido ver-se-ia compelido, para cumprimento do pedido na sua forma atual, a violar uma obrigação constante de um tratado anteriormente celebrado com outro Estado.

Artigo 98
Cooperação Relativa à Renúncia, à Imunidade e ao Consentimento na Entrega

1. O Tribunal pode não dar seguimento a um pedido de entrega ou de auxílio por força do qual o Estado requerido devesse atuar de forma incompatível com as obrigações que lhe incumbem à luz do direito internacional em matéria de imunidade dos Estados ou de imunidade diplomática de pessoa ou de bens de um Estado terceiro, a menos que obtenha, previamente a cooperação desse Estado terceiro com vista ao levantamento da imunidade.

2. O Tribunal pode não dar seguimento à execução de um pedido de entrega por força do qual o Estado requerido devesse atuar de forma incompatível com as obrigações que lhe incumbem em virtude de acordos internacionais à luz dos quais o consentimento do Estado de envio é necessário para que uma pessoa pertencente a esse Estado seja entregue ao Tribunal, a menos que o Tribunal consiga, previamente, obter a cooperação do Estado de envio para consentir na entrega.

Artigo 99
Execução dos Pedidos Apresentados ao Abrigo dos Artigos 93 e 96

1. Os pedidos de auxílio serão executados de harmonia com os procedimentos previstos na legislação interna do Estado requerido e, a menos que o seu direito interno o proíba, na forma especificada no pedido, aplicando qualquer procedimento nele indicado ou autorizando as pessoas nele indicadas a estarem presentes e a participarem na execução do pedido.

2. Em caso de pedido urgente, os documentos e os elementos de prova produzidos na resposta serão, a requerimento do Tribunal, enviados com urgência.

3. As respostas do Estado requerido serão transmitidas na sua língua e forma originais.

4. Sem prejuízo dos demais artigos do presente Capítulo, sempre que for necessário para a execução com sucesso de um pedido, e não haja que recorrer a medidas coercitivas, nomeadamente quando se trate de ouvir ou levar uma pessoa a depor de sua livre vontade, mesmo sem a presença das autoridades do Estado Parte requerido se tal for determinante para a execução do pedido, ou quando se trate de examinar, sem proceder a alterações, um lugar público ou um outro local público, o Procurador poderá dar cumprimento ao pedido diretamente no território de um Estado, de acordo com as seguintes modalidades:

a) Quando o Estado requerido for o Estado em cujo território haja indícios de ter sido cometido o crime e existir uma decisão sobre a admissibilidade tal como previsto nos artigos 18 e 19, o Procurador poderá executar diretamente o pedido, depois de ter levado a cabo consultas tão amplas quanto possível com o Estado requerido;

b) Em outros casos, o Procurador poderá executar o pedido após consultas com o Estado Parte requerido e tendo em conta as condições ou as preocupações razoáveis que esse Estado tenha eventualmente argumentado. Sempre que o Estado requerido verificar que a execução de um pedido nos termos da presente alínea suscita dificuldades, consultará de imediato o Tribunal para resolver a questão.

5. As disposições que autorizam a pessoa ouvida ou interrogada pelo Tribunal ao abrigo do artigo 72, a invocar as restrições previstas para impedir a divulgação de informações confidenciais relacionadas com a segurança nacional, aplicar-se-ão de igual modo à execução dos pedidos de auxílio referidos no presente artigo.

Artigo 100
Despesas

1. As despesas ordinárias decorrentes da execução dos pedidos no território do Estado requerido serão por este suportadas, com exceção das seguintes, que correrão a cargo do Tribunal:

a) As despesas relacionadas com as viagens e a proteção das testemunhas e dos peritos ou com a transferência de detidos ao abrigo do artigo 93;

b) As despesas de tradução, de interpretação e de transcrição;

c) As despesas de deslocação e de estada dos juízes, do Procurador, dos Procuradores-adjuntos, do Secretário, do Secretário-Adjunto e dos membros do pessoal de todos os órgãos do Tribunal;

d) Os custos das perícias ou dos relatórios periciais solicitados pelo Tribunal;

e) As despesas decorrentes do transporte das pessoas entregues ao Tribunal pelo Estado de detenção; e

f) Após consulta, quaisquer despesas extraordinárias decorrentes da execução de um pedido.

2. O disposto no parágrafo 1º aplicar-se-á, sempre que necessário, aos pedidos dirigidos pelos Estados Partes ao Tribunal. Neste caso, o Tribunal tomará a seu cargo as despesas ordinárias decorrentes da execução.

Artigo 101
Regra da Especialidade

1. Nenhuma pessoa entregue ao Tribunal nos termos do presente Estatuto poderá ser perseguida, condenada ou detida por condutas anteriores à sua entrega, salvo quando estas constituam crimes que tenham fundamentado a sua entrega.

2. O Tribunal poderá solicitar uma derrogação dos requisitos estabelecidos no parágrafo 1º ao Estado que lhe tenha entregue uma pessoa e, se necessário, facultar-lhe-á, em conformidade com o artigo 91, informações complementares. Os Estados Partes estarão habilitados a conceder uma derrogação ao Tribunal e deverão envidar esforços nesse sentido.

Artigo 102
Termos Usados

Para os fins do presente Estatuto:

a) Por "entrega", entende-se a entrega de uma pessoa por um Estado ao Tribunal nos termos do presente Estatuto.

b) Por "extradição", entende-se a entrega de uma pessoa por um Estado a outro Estado conforme previsto em um tratado, em uma convenção ou no direito interno.

Capítulo X
EXECUÇÃO DA PENA

Artigo 103
Função dos Estados na Execução das Penas Privativas de Liberdade

1. a) As penas privativas de liberdade serão cumpridas num Estado indicado pelo Tribunal a partir de uma lista de Estados que lhe tenham manifestado a sua disponibilidade para receber pessoas condenadas.

b) Ao declarar a sua disponibilidade para receber pessoas condenadas, um Estado poderá formular condições acordadas com o Tribunal e em conformidade com o presente Capítulo.

c) O Estado indicado no âmbito de um determinado caso dará prontamente a conhecer se aceita ou não a indicação do Tribunal.

2. a) O Estado da execução informará o Tribunal de qualquer circunstância, incluindo o cumprimento de quaisquer condições acordadas nos termos do parágrafo 1º, que possam afetar materialmente as condições ou a duração da detenção. O Tribunal será informado com, pelo menos, 45 dias de antecedência sobre qualquer circunstância dessa natureza, conhecida ou previsível. Durante este período, o Estado da execução não tomará qualquer medida que possa ser contrária às suas obrigações ao abrigo do artigo 110.

b) Se o Tribunal não puder aceitar as circunstâncias referidas na alínea *a*), deverá informar o Estado da execução e proceder em harmonia com o parágrafo 1º do artigo 104.

3. Sempre que exercer o seu poder de indicação em conformidade com o parágrafo 1º, o Tribunal levará em consideração:

a) O princípio segundo o qual os Estados Partes devem partilhar da responsabilidade na execução das penas privativas de liberdade, em conformidade com os princípios de distribuição equitativa estabelecidos no Regulamento Processual;

b) A aplicação de normas convencionais do direito internacional amplamente aceitas, que regulam o tratamento dos reclusos;

c) A opinião da pessoa condenada; e

d) A nacionalidade da pessoa condenada;

e) Outros fatores relativos às circunstâncias do crime, às condições pessoais da pessoa condenada ou à execução efetiva da pena, adequadas à indicação do Estado da execução.

4. Se nenhum Estado for designado nos termos do parágrafo 1º, a pena privativa de liberdade será cumprida num estabelecimento prisional designado pelo Estado anfitrião, em conformidade com as condições estipuladas no acordo que determinou o local da sede previsto no parágrafo 2º do artigo 3º. Neste caso, as despesas relacionadas com a execução da pena ficarão a cargo do Tribunal.

Artigo 104
Alteração da Indicação do Estado da Execução

1. O Tribunal poderá, a qualquer momento, decidir transferir um condenado para uma prisão de um outro Estado.

2. A pessoa condenada pelo Tribunal poderá, a qualquer momento, solicitar-lhe que a transfira do Estado encarregado da execução.

Artigo 105
Execução da Pena

1. Sem prejuízo das condições que um Estado haja estabelecido nos termos do artigo 103, parágrafo 1º, alínea *b*), a pena privativa de liberdade é vinculativa para os Estados Partes, não podendo estes modificá-la em caso algum.

2. Será da exclusiva competência do Tribunal pronunciar-se sobre qualquer pedido de revisão ou recurso. O Estado da execução não obstará a que o condenado apresente um tal pedido.

Artigo 106
Controle da Execução da Pena e das Condições de Detenção

1. A execução de uma pena privativa de liberdade será submetida ao controle do Tribunal e observará as regras convencionais internacionais amplamente aceitas em matéria de tratamento dos reclusos.

2. As condições de detenção serão reguladas pela legislação do Estado da execução e observarão as regras convencionais internacionais amplamente aceitas em matéria de tratamento dos reclusos. Em caso algum devem ser menos ou mais favoráveis do que as aplicáveis aos reclusos condenados no Estado da execução por infrações análogas.

3. As comunicações entre o condenado e o Tribunal serão livres e terão caráter confidencial.

Artigo 107
Transferência do Condenado depois de Cumprida a Pena

1. Cumprida a pena, a pessoa que não seja nacional do Estado da execução poderá, de acordo com a legislação desse mesmo Estado, ser transferida para um outro Estado obrigado a aceitá-la ou ainda para um outro Estado que aceite acolhê-la tendo em conta a vontade expressa pela pessoa em ser transferida para esse Estado; a menos que o Estado da execução autorize essa pessoa a permanecer no seu território.

2. As despesas relativas à transferência do condenado para um outro Estado nos termos do parágrafo 1° serão suportadas pelo Tribunal se nenhum Estado as tomar a seu cargo.

3. Sem prejuízo do disposto no artigo 108, o Estado da execução poderá igualmente, em harmonia com o seu direito interno, extraditar ou entregar por qualquer outro modo a pessoa a um Estado que tenha solicitado a sua extradição ou a sua entrega para fins de julgamento ou de cumprimento de uma pena.

Artigo 108
Restrições ao Procedimento Criminal ou à Condenação por Outras Infrações

1. A pessoa condenada que esteja detida no Estado da execução não poderá ser objeto de procedimento criminal, condenação ou extradição para um Estado terceiro em virtude de uma conduta anterior à sua transferência para o Estado da execução, a menos que a Tribunal tenha dado a sua aprovação a tal procedimento, condenação ou extradição, a pedido do Estado da execução.

2. Ouvido o condenado, o Tribunal pronunciar-se-á sobre a questão.

3. O parágrafo 1º deixará de ser aplicável se o condenado permanecer voluntariamente no território do Estado da execução por um período superior a 30 dias após o cumprimento integral da pena proferida pelo Tribunal, ou se regressar ao território desse Estado após dele ter saído.

Artigo 109
Execução das Penas de Multa e das Medidas de Perda

1. Os Estados Partes aplicarão as penas de multa, bem como as medidas de perda ordenadas pelo Tribunal ao abrigo do Capítulo VII, sem prejuízo dos direitos de terceiros de boa fé e em conformidade com os procedimentos previstos no respectivo direito interno.

2. Sempre que um Estado Parte não possa tornar efetiva a declaração de perda, deverá tomar medidas para recuperar o valor do produto, dos bens ou dos haveres cuja perda tenha sido declarada pelo Tribunal, sem prejuízo dos direitos de terceiros de boa fé.

3. Os bens, ou o produto da venda de bens imóveis ou, se for caso disso, da venda de outros bens, obtidos por um Estado Parte por força da execução de uma decisão do Tribunal, serão transferidos para o Tribunal.

Artigo 110
Reexame pelo Tribunal da Questão de Redução de Pena

1. O Estado da execução não poderá libertar o recluso antes de cumprida a totalidade da pena proferida pelo Tribunal.

2. Somente o Tribunal terá a faculdade de decidir sobre qualquer redução da pena e, ouvido o condenado, pronunciar-se-á a tal respeito,

3. Quando a pessoa já tiver cumprido dois terços da pena, ou 25 anos de prisão em caso de pena de prisão perpétua, o Tribunal reexaminará a pena para determinar se haverá lugar a sua redução. Tal reexame só será efetuado transcorrido o período acima referido.

4. No reexame a que se refere o parágrafo 3º, o Tribunal poderá reduzir a pena se constatar que se verificam uma ou várias das condições seguintes:

a) A pessoa tiver manifestado, desde o início e de forma contínua, a sua vontade em cooperar com o Tribunal no inquérito e no procedimento;

b) A pessoa tiver, voluntariamente, facilitado a execução das decisões e despachos do Tribunal em outros casos, nomeadamente ajudando-o a localizar bens sobre os quais recaíam decisões de perda, de multa ou de reparação que poderão ser usados em benefício das vítimas; ou

c) Outros fatores que conduzam a uma clara e significativa alteração das circunstâncias suficiente para justificar a redução da pena, conforme previsto no Regulamento Processual;

5. Se, no reexame inicial a que se refere o parágrafo 3º, o Tribunal considerar não haver motivo para redução da pena, ele reexaminará subsequentemente a questão da redução da pena com a periodicidade e nos termos previstos no Regulamento Processual.

Artigo 111
Evasão

Se um condenado se evadir do seu local de detenção e fugir do território do Estado da execução, este poderá, depois de ter consultado o Tribunal, pedir ao Estado no qual se encontra localizado o condenado que o entregue em conformidade com os acordos bilaterais ou multilaterais em vigor, ou requerer ao Tribunal que solicite a entrega dessa pessoa ao abrigo do Capítulo IX. O Tribunal poderá, ao solicitar a entrega da pessoa, determinar que esta seja entregue ao Estado no qual se encontrava a cumprir a sua pena, ou a outro Estado por ele indicado.

Capítulo XI
ASSEMBLEIA DOS ESTADOS PARTES

Artigo 112
Assembleia dos Estados Partes

1. É constituída, pelo presente instrumento, uma Assembleia dos Estados Partes. Cada um dos Estados Partes nela disporá de um representante, que poderá ser coadjuvado por substitutos e assessores. Outros Estados signatários do Estatuto ou da Ata Final poderão participar nos trabalhos da Assembleia na qualidade de observadores.

2. A Assembleia:

a) Examinará e adotará, se adequado, as recomendações da Comissão Preparatória;

b) Promoverá junto à Presidência, ao Procurador e ao Secretário as linhas orientadoras gerais no que toca à administração do Tribunal;

c) Examinará os relatórios e as atividades da Mesa estabelecido nos termos do parágrafo 3° e tomará as medidas apropriadas;

d) Examinará e aprovará o orçamento do Tribunal;

e) Decidirá, se for caso disso, alterar o número de juízes nos termos do artigo 36;

f) Examinará, em harmonia com os parágrafos 5 e 7 do artigo 87, qualquer questão relativa à não cooperação dos Estados;

g) Desempenhará qualquer outra função compatível com as disposições do presente Estatuto ou do Regulamento Processual;

3. a) A Assembleia será dotada de uma Mesa composta por um presidente, dois vice-presidentes e 18 membros por ela eleitos por períodos de três anos;

b) A Mesa terá um caráter representativo, atendendo nomeadamente ao princípio da distribuição geográfica equitativa e à necessidade de assegurar uma representação adequada dos principais sistemas jurídicos do mundo;

c) A Mesa reunir-se-á as vezes que forem necessárias, mas, pelo menos, uma vez por ano. Assistirá a Assembleia no desempenho das suas funções.

4. A Assembleia poderá criar outros órgãos subsidiários que julgue necessários, nomeadamente um mecanismo de controle independente que proceda a inspeções, avaliações e inquéritos em ordem a melhorar a eficiência e economia da administração do Tribunal.

5. O Presidente do Tribunal, o Procurador e o Secretário ou os respectivos representantes poderão participar, sempre que julguem oportuno, nas reuniões da Assembleia e da Mesa.

6. A Assembleia reunir-se-á na sede do Tribunal ou na sede da Organização das Nações Unidas uma vez por ano e, sempre que as circunstâncias o exigirem, reunir-se-á em sessão extraordinária. A menos que o presente Estatuto estabeleça em contrário, as sessões extraordinárias são convocadas pela Mesa, de ofício ou a pedido de um terço dos Estados Partes.

7. Cada um dos Estados Partes disporá de um voto. Todos os esforços deverão ser envidados para que as decisões da Assembleia e da Mesa sejam adotadas por consenso. Se tal não for possível, e a menos que o Estatuto estabeleça em contrário:

a) As decisões sobre as questões de fundo serão tomadas por maioria de dois terços dos membros presentes e votantes, sob a condição que a maioria absoluta dos Estados Partes constitua quorum para o escrutínio;

b) As decisões sobre as questões de procedimento serão tomadas por maioria simples dos Estados Partes presentes e votantes.

8. O Estado Parte em atraso no pagamento da sua contribuição financeira para as despesas do Tribunal não poderá votar nem na Assembleia nem na Mesa se o total das suas contribuições em atraso igualar ou exceder a soma das contribuições correspondentes aos dois anos anteriores completos por ele devidos. A Assembleia Geral poderá, no entanto, autorizar o Estado em causa a votar na Assembleia ou na Mesa se ficar provado que a falta de pagamento é devida a circunstâncias alheias ao controle do Estado Parte.

9. A Assembleia adotará o seu próprio Regimento.

10. As línguas oficiais e de trabalho da Assembleia dos Estados Partes serão as línguas oficiais e de trabalho da Assembleia Geral da Organização das Nações Unidas.

Capítulo XII
FINANCIAMENTO

Artigo 113
Regulamento Financeiro

Salvo disposição expressa em contrário, todas as questões financeiras atinentes ao Tribunal e às reuniões da Assembleia dos Estados Partes, incluindo a sua Mesa e os seus órgãos subsidiários, serão reguladas pelo presente Estatuto, pelo Regulamento Financeiro e pelas normas de gestão financeira adotados pela Assembleia dos Estados Partes.

Artigo 114
Pagamento de Despesas

As despesas do Tribunal e da Assembleia dos Estados Partes, incluindo a sua Mesa e os seus órgãos subsidiários, serão pagas pelos fundos do Tribunal.

Artigo 115
Fundos do Tribunal e da Assembleia dos Estados Partes

As despesas do Tribunal e da Assembleia dos Estados Partes, incluindo a sua Mesa e os seus órgãos subsidiários, inscritas no orçamento aprovado pela Assembleia dos Estados Partes, serão financiadas:

a) Pelas quotas dos Estados Partes;

b) Pelos fundos provenientes da Organização das Nações Unidas, sujeitos à aprovação da Assembleia Geral, nomeadamente no que diz respeito às despesas relativas a questões remetidas para o Tribunal pelo Conselho de Segurança.

Artigo 116
Contribuições Voluntárias

Sem prejuízo do artigo 115, o Tribunal poderá receber e utilizar, a título de fundos adicionais, as contribuições voluntárias dos Governos, das organizações internacionais, dos particulares, das empresas e demais entidades, de acordo com os critérios estabelecidos pela Assembleia dos Estados Partes nesta matéria.

Artigo 117
Cálculo das Quotas

As quotas dos Estados Partes serão calculadas em conformidade com uma tabela de quotas que tenha sido acordada, com base na tabela adotada pela Organização das Nações Unidas para o seu orçamento ordinário, e adaptada de harmonia com os princípios nos quais se baseia tal tabela.

Artigo 118
Verificação Anual de Contas

Os relatórios, livros e contas do Tribunal, incluindo os balanços financeiros anuais, serão verificados anualmente por um revisor de contas independente.

Capítulo XIII
CLÁUSULAS FINAIS

Artigo 119
Resolução de Diferendos

1. Qualquer diferendo relativo às funções judiciais do Tribunal será resolvido por decisão do Tribunal.

2. Quaisquer diferendos entre dois ou mais Estados Partes relativos à interpretação ou à aplicação do presente Estatuto, que não forem resolvidos pela via negocial num período de três meses após o seu início, serão submetidos à Assembleia dos Estados Partes. A Assembleia poderá procurar resolver o diferendo ou fazer recomendações relativas a outros métodos de resolução, incluindo a submissão do diferendo à Corte Internacional de Justiça, em conformidade com o Estatuto dessa Corte.

Artigo 120
Reservas

Não são admitidas reservas a este Estatuto.

Artigo 121
Alterações

1. Expirado o período de sete anos após a entrada em vigor do presente Estatuto, qualquer Estado Parte poderá propor alterações ao Estatuto. O texto das propostas de alterações será submetido ao Secretário-Geral da Organização das Nações Unidas, que o comunicará sem demora a todos os Estados Partes.

2. Decorridos pelo menos três meses após a data desta notificação, a Assembleia dos Estados Partes decidirá na reunião seguinte, por maioria dos seus membros presentes e votantes, se deverá examinar a proposta. A Assembleia poderá tratar desta proposta, ou convocar uma Conferência de Revisão se a questão suscitada o justificar.

3. A adoção de uma alteração numa reunião da Assembleia dos Estados Partes ou numa Conferência de Revisão exigirá a maioria de dois terços dos Estados Partes, quando não for possível chegar a um consenso.

4. Sem prejuízo do disposto no parágrafo 5, qualquer alteração entrará em vigor, para todos os Estados Partes, um ano depois que sete oitavos de entre eles tenham depositado os respectivos instrumentos de ratificação ou de aceitação junto do Secretário-Geral da Organização das Nações Unidas.

5. Qualquer alteração ao artigo 5º, 6º, 7º e 8º do presente Estatuto entrará em vigor, para todos os Estados Partes que a tenham aceitado, um ano após o depósito dos seus instrumentos de ratificação ou de aceitação. O Tribunal não exercerá a sua competência relativamente a um crime abrangido pela alteração sempre que este tiver sido cometido por nacionais de um Estado Parte que não tenha aceitado a alteração, ou no território desse Estado Parte.

6. Se uma alteração tiver sido aceita por sete oitavos dos Estados Partes nos termos do parágrafo 4, qualquer Estado Parte que não a tenha aceito poderá retirar-se do Estatuto com efeito imediato, não obstante o disposto no parágrafo 1º do artigo 127, mas sem prejuízo do disposto no parágrafo 2º do artigo 127, mediante notificação da sua retirada o mais tardar um ano após a entrada em vigor desta alteração.

7. O Secretário-Geral da Organização dás Nações Unidas comunicará a todos os Estados Partes quaisquer alterações que tenham sido adotadas em reunião da Assembleia dos Estados Partes ou numa Conferência de Revisão.

Artigo 122
Alteração de Disposições de Caráter Institucional

1. Não obstante o artigo 121, parágrafo 1º, qualquer Estado Parte poderá, em qualquer momento, propor alterações às disposições do Estatuto, de caráter exclusivamente institucional, a saber, artigos 35, 36, parágrafos 8 e 9, artigos 37, 38, 39, parágrafos 1º (as primeiras duas frases), 2º e 4º, artigo 42, parágrafos 4 a 9, artigo 43, parágrafos 2º e 3º e artigos 44, 46, 47 e 49. O texto de qualquer proposta será submetido ao Secretário-Geral da Organização das Nações Unidas ou a qualquer outra pessoa designada pela Assembleia dos Estados Partes, que o comunicará sem demora a todos os Estados Partes e aos outros participantes na Assembleia.

2. As alterações apresentadas nos termos deste artigo, sobre as quais não seja possível chegar a um consenso, serão adotadas pela Assembleia dos Estados Partes ou por uma Conferência de Revisão, por uma maioria de dois terços dos Estados Partes. Tais alterações entrarão em vigor, para todos os Estados Partes, seis meses após a sua adoção pela Assembleia ou, conforme o caso, pela Conferência de Revisão.

Artigo 123
Revisão do Estatuto

1. Sete anos após a entrada em vigor do presente Estatuto, o Secretário-Geral da Organização das Nações Unidas convocará uma Conferência de Revisão para examinar qualquer alteração ao presente Estatuto. A revisão poderá incidir nomeadamente, mas não exclusivamente, sobre a lista de crimes que figura no artigo 5º. A Conferência estará aberta aos participantes na Assembleia dos Estados Partes, nas mesmas condições.

2. A todo o momento ulterior, a requerimento de um Estado Parte e para os fins enunciados no parágrafo 1º, o Secretário-Geral da Organização das Nações Unidas, mediante aprovação da maioria dos Estados Partes, convocará uma Conferência de Revisão.

3. A adoção e a entrada em vigor de qualquer alteração ao Estatuto examinada numa Conferência de Revisão serão reguladas pelas disposições do artigo 121, parágrafos 3º a 7.

Artigo 124
Disposição Transitória

Não obstante o disposto nos parágrafos 1º e 2º do artigo 12, um Estado que se torne Parte no presente Estatuto, poderá declarar que, durante um período de sete anos a contar da data da entrada em vigor do Estatuto no seu território, não aceitará a competência do Tribunal relativamente à categoria de crimes referidos no artigo 8º, quando haja indícios de que um crime tenha sido praticado por nacionais seus ou no seu território. A declaração formulada ao abrigo deste artigo poderá ser retirada a qualquer momento. O disposto neste artigo será reexaminado na Conferência de Revisão a convocar em conformidade com o parágrafo 1º do artigo 123.

Artigo 125
Assinatura, Ratificação, Aceitação, Aprovação ou Adesão

1. O presente Estatuto estará aberto à assinatura de todos os Estados na sede da Organização das Nações Unidas para a Alimentação e a Agricultura, em Roma, a 17 de Julho de 1998, continuando aberto à assinatura no Ministério dos Negócios Estrangeiros de Itália, em Roma, até 17 de Outubro de 1998. Após esta data, o Estatuto continuará aberto na sede da Organização das Nações Unidas, em Nova Iorque, até 31 de Dezembro de 2000.

2. O presente Estatuto ficará sujeito a ratificação, aceitação ou aprovação dos Estados signatários. Os instrumentos de ratificação, aceitação ou aprovação serão depositados junto do Secretário-Geral da Organização das Nações Unidas.

3. O presente Estatuto ficará aberto à adesão de qualquer Estado. Os instrumentos de adesão serão depositados junto do Secretário-Geral da Organização das Nações Unidas.

Artigo 126
Entrada em Vigor

1. O presente Estatuto entrará em vigor no primeiro dia do mês seguinte ao termo de um período de 60 dias após a data do depósito do sexagésimo instrumento de ratificação, de aceitação, de aprovação ou de adesão junto do Secretário-Geral da Organização das Nações Unidas.

2. Em relação ao Estado que ratifique, aceite ou aprove o Estatuto ,ou a ele adira após o depósito do sexagésimo instrumento de ratificação, de aceitação, de aprovação ou de adesão, o Estatuto entrará em vigor no primeiro dia do mês seguinte ao termo de um período de 60 dias após a data do depósito do respectivo instrumento de ratificação, de aceitação, de aprovação ou de adesão.

Artigo 127
Retirada

1. Qualquer Estado Parte poderá, mediante notificação escrita e dirigida ao Secretário-Geral da Organização das Nações Unidas, retirar-se do presente Estatuto. A retirada produzirá efeitos um ano após a data de recepção da notificação, salvo se esta indicar uma data ulterior.

2. A retirada não isentará o Estado das obrigações que lhe incumbem em virtude do presente Estatuto enquanto Parte do mesmo, incluindo as obrigações financeiras que tiver assumido, não afetando também a cooperação com o Tribunal no âmbito de inquéritos e de procedimentos criminais relativamente aos quais o Estado tinha o dever de cooperar e que se iniciaram antes da data em que a retirada começou a produzir efeitos; a retirada em nada afetará a prossecução da apreciação das causas que o Tribunal já tivesse começado a apreciar antes da data em que a retirada começou a produzir efeitos.

Artigo 128
Textos Autênticos

O original do presente Estatuto, cujos textos em árabe, chinês, espanhol, francês, inglês e russo fazem igualmente fé, será depositado junto do Secretário-Geral das Nações Unidas, que enviará cópia autenticada a todos os Estados.

Em fé do que, os abaixo assinados, devidamente autorizados pelos respectivos Governos, assinaram o presente Estatuto.

Feito em Roma, aos dezessete dias do mês de julho de mil novecentos e noventa e oito.

Modelo do Documento de Viagem

Recomenda-se que o documento tenha forma de uma caderneta (15cm x10cm aproximadamente), que seja impresso de tal maneira que as rasuras ou alterações por meios químicos ou outros possam notar-se facilmente, e que as palavras "Convenção de 28 de setembro de 1954" sejam impressas em repartição contínua em cada uma das páginas, na língua do país que expede o documento.

(Capa da Caderneta)

Documento de Viagem

(Convenção de 28 de setembro de 1954)

Nº.................

(1)

Documento de Viagem

(Convenção de 28 de setembro de 1954)

Este documento expira em ...., a não ser que sua validade seja prorrogada ou renovada.

Nome:..

Prenome(s)..

Acompanhado de..Criança (s)

1. Este documento foi expedido com o único objetivo de proporcionar ao titular um documento de viagem que possa fazer as vezes de passaporte nacional. Não prejulga nem modifica de nenhum modo a nacionalidade do titular.

2. O possuidor está autorizado a voltar a .... (indicação do país cujas autoridades expedem o documento) até .... salvo menção adiante de data ulterior. (O período durante o qual o possuidor estará autorizado a voltar não deve ser inferior a três meses, salvo quando o país ao qual o possuidor deseja ir não exigir que deste documento consta o direito de readmissão).

3. Em caso de estabelecimento em país diferente do em que este documento foi expedido, o possuidor deve, se quiser deslocar-se de novo, requerer novo documento, às autoridades competentes do país de sua residência. [O documento de viagem anterior será remetido à autoridade que expede o novo documento para que o remeta, por sua vez, à autoridade que o expediu, (1)].

(Este documento contém 32 páginas, sem contar a capa).

---

(2)

Lugar e data de nascimento..

Profissão...

Residência atual ....

Nome (antes do casamento) e prenome (s) da Esposa............................

Nome e prenome (s) do Marido...

Descrição

Altura...

Cabelos..

Cor dos olhos..

Nariz..

Formato do rosto..

Cútis...

Sinais particulares..

---

(1) A frase entre colchetes pode ser inserta pelos Governos que o desejarem. Crianças que acompanham o portador

Nome Prenome(s) Lugar e data do nascimento Sexo

....

....

....

Cancelar o que não se aplicar.

(Este documento contém 32 páginas, exclusive a capa).

---

(3)

Fotografia do portador e selo da autoridade expedidora do documento

Impressões digitais do portador (facultativo)

Assinatura do portador...

(Este documento contém 32 páginas, exclusive a capa).

---

(4)

1. Este documento é válido para os seguintes países:

....

2. Documento (ou documentos) baseado no qual (ou nos quais) o presente documento é expedido.

....

Expedido em..

Data...

Assinatura e selo da autoridade que expede o documento:

Emolumentos:

(Este documento contém 32 páginas, exclusive a capa).

---

(5)

Prorrogação de validade

Emolumentos: de....................................

a......................................

Feita em .... em....................................

Assinatura e selo da autoridade que prorroga a validade do documento:

Prorrogação de validade

Emolumentos: de.......................................

a...

Feita em .... em.......................................

Assinatura e selo da autoridade que prorroga a validade do documento:

(Este documento contém 32 páginas, exclusive a capa).

---

(6)

Prorrogação de validade

Emolumentos: de..

a..

Feita em .... em..

Assinatura e selo da autoridade que prorroga a validade do documento:

Prorrogação de validade

Emolumentos: de..

a..

Feita em .... em..

(este documento contém 32 páginas, exclusive a capa).

(7 - 32)

Vistos

Reproduzir em cada visto o nome do possuidor

(Este documento contém 32 páginas, exclusive a capa).

ÍNDICE REMISSIVO

Este livro foi impresso pela Psi7
em fonte Arial sobre papel Offset 75 g/m²
para a Edipro no inverno de 2017.